Peter Vanderbruggen
Die Euro-Lüge

Inhalt

Vorwort

30. Oktober 1995. In New York und London wird es bereits bitter kalt, aber im subtropischen Steuerparadies Bermuda scheint noch kräftig die Sonne. Die einigen hundert Amerikaner und Briten, die am Tage zuvor im noblen Castle Harbour Hotel abgestiegen sind, sind jedoch nicht wegen des milden Klimas gekommen. Obwohl die Touristensaison in Bermuda sich dem Ende zuneigt, herrscht im Hotel Hochbetrieb. Vornehme Herren in Maßanzügen eilen um acht Uhr morgens in den Garten des Hotels, wo »Eggs Benedict« und Wechselkurse auf dem Menü stehen. An einem der Tische ist ein Untersuchungsbericht, der vor einiger Zeit von einer amerikanischen Investitionsbank in Umlauf gebracht wurde, das Gesprächsthema. Darin empfiehlt der Chefvolkswirt der Bank seinen Kunden, ihr Geld vor allem nicht in Europa anzulegen: »Europa wird der industrielle Friedhof des nächsten Jahrhunderts. Eine Art großes Freiluftmuseum.«

Anscheinend sehen die Anwesenden keinen Grund, sich das Frühstück durch eine Diskussion über das Schicksal Europas verderben zu lassen. Soll Europa vor die Hunde gehen, wenn es dazu Lust hat. Das Gespräch kommt denn auch schnell auf den wahren Grund, weshalb diese Herren ihre Büros in London und New York für heute mit dem sonnigen Bermuda getauscht haben: »Wenn Europa vor die Hunde geht, wie können wir damit eine Mark verdienen?«

Willkommen beim jährlichen Hochamt der Verwalter der »Hedge Funds«, der »Conference on Hedge Fund Investments«, die von der Fachzeitung *HedgeMAR* organisiert wird. »Hedge Funds« sind enorme, nicht-regulierte Anlagefonds, die ihren Sitz oftmals in einem Steuerparadies haben. Ende Oktober eines jeden Jahres kommen Hunderte Verwalter derartiger Fonds aus der ganzen Welt auf Bermuda zusammen, um zu essen, zu trinken, Golf zu spielen und währenddessen über das Geldverdienen zu diskutieren. Geld verdienen, ohne etwas zu bauen, ohne jemals mit irgendeiner physischen Materie zu handeln und – womöglich – auch noch mit einem so geringen Risiko wie möglich. Geld verdienen, indem sie nur die Ineffizienzen der internationalen Finanzmärkte nutzen – mißbrauchen, wie Kritiker lieber sagen. Die Herren, die heute hier in Bermuda versammelt sind, spekulieren mit allem, was beweglich oder unbeweglich ist: Wechselkurse, Aktienkurse, Obligationsrenditen, Rohstoffe und Immobilien. Sie sind die gehaßten angelsächsischen Geldspekulanten, um es mit den Worten des ehemaligen französischen Finanzministers, Roland Dumas, zu sagen. Die gleichen Übeltäter, die die Krise in Mexiko, den Sturz des britischen Pfundes und die Sprengung des Europäischen Währungssystems auf dem Gewissen haben.

Dies ist ihr Hochamt. Hier auf Bermuda sind sie weit entfernt von den Vorurteilen, den politischen Fingerzeigen und dem Einmischen der Behörden – inklusive der Steuererhebungen –, mit denen Politiker versuchen, ihre Aktivitäten zu bändigen. »Spekulanten sind keine Unmenschen«, verteidigt einer der Anwesenden seinen Broterwerb. »Wir sind die Aufpasser der internationalen Finanzordnung. Wenn nationale Behörden es etwas zu bunt treiben, dann sorgen wir dafür, daß das ökonomische Gleichgewicht wieder hergestellt wird. Vergleichen Sie uns mit den Raubtieren in freier Wildbahn, die das ökologische Gleichgewicht aufrechterhalten.«

Das ökonomische Gleichgewicht ist erneut Thema,

wenn Warren B. Mosler, Volkswirt und Verwalter von III Finance, einem enormen Hedge Fonds, der Geld in Staatsobligationen anlegt, seine Kollegen am Nachmittag über europäische Staatsobligationen berät: »Alles mit einer Laufzeit nach 1999 geht raus.« Geld verdienen kann man seiner Meinung nach am besten mit dem »shorten« (Spekulantenjargon für das Spekulieren mit einer Kurssenkung) europäischer Obligationen. »Wenn die Europäische Währungsunion kommt«, erklärt Mosler, »dann müssen alle europäischen Länder Geld leihen in einer Währung, die sie selbst nicht prägen können. Manche meinen, daß dies zu einer stärkeren fiskalischen Verantwortung führen wird. Meiner Meinung nach wird dies eine immense Schuldenkrise verursachen. Ich will keine Schuldscheine, die nicht von der Europäischen Zentralbank gedeckt sind.«

Hält Mosler die Europäische Währungsunion für keine gute Idee, fragen wir ihn später. »Doch, natürlich, aber nicht in der jetzigen Form«, lautet seine Antwort. Und glaubt er, daß die Währungsunion schon bald Wirklichkeit wird? »Nein«, antwortet er resolut. Wird er dagegen spekulieren? »Wenn ich der Meinung bin, daß ich damit Geld verdienen kann, natürlich. Das ist mein Beruf.«

Mosler und seine Kollegen sind nicht die einzigen, die so ihre Zweifel haben hinsichtlich der politischen Pläne, Europa so schnell wie möglich unter einer Währung zu vereinigen. Auch in den Straßen der europäischen Hauptstädte gärt etwas: Die Abneigung gegen einen nicht nachlassenden Sparzwang im Namen der europäischen Einigung und des Vertrags von Maastricht wächst. Für jedes Land, das im Jahre 1997 die Bedingungen erfüllen wird, werden sich die Türen des europäischen Walhalla öffnen – so klingt der Refrain, den die europäischen Politiker jetzt schon seit Jahren wiederholen. Daß die Maastricht-Kriterien nach Meinung von Volkswirten wie Mosler sowieso nicht mehr zu erfüllen sind, spielt für sie keine Rolle. Genausowenig wie die Anschuldigungen, daß Maastricht das wirtschaftliche und soziale Geflecht Europas zerreißen wird. Da müssen die Europäer durch – es ist zu ihrem eigenen Nutzen –, haben die europäischen Bürokraten entschieden.

Jeder scheint damit übereinzustimmen, daß die Vollendung eines wirklich europäischen Binnenmarktes mit freiem Verkehr von Waren, Dienstleistungen, Personen und Kapital mit nur einer Währung ein edles Ziel ist. Über die Reihenfolge, in der dies geschehen soll, besteht jedoch wesentlich weniger Übereinstimmung. Die Politiker scheinen der festen Überzeugung zu sein, daß die Europäische Währungsunion eine unabdingbare Voraussetzung für das Gelingen des Binnenmarktes ist. »Der Einigungsprozeß im Währungsbereich ist der Motor der europäischen Integration. Ohne ihn kommt alles zum Erliegen. Wenn die Währungsunion nicht gelingt, droht die Europäische Union zu einer gewöhnlichen Freihandelszone zu degradieren«, sagte der belgische Ministerpräsident Dehaene 1996 beim World Economic Forum in Davos.

Wer am Weltbild der Politiker rüttelt, wird als Ketzer abgetan. »Es ist verbrecherisch zu behaupten, daß die EWU Arbeitslosigkeit verursacht«, so Wilfried Martens, Vorsitzender der christlich-demokratischen Fraktion im Europaparlament. Es war jedoch Bundeskanzler Kohl, der die Demagogie ins Ungeheure steigen ließ, als er im Februar 1996 in Löwen den Spruch »Europa oder Krieg« losließ. Für die europäischen Politiker steht der europäische Einigungsprozeß fest: Das Währungs- und das Haushaltskorsett, in die alle Mitgliedstaaten durch den Vertrag von Maastricht hineingezwängt werden, wird automatisch zu einer vollwertigen wirtschaftlichen – und wer weiß, vielleicht sogar einmal zu einer politischen – Union führen. Von diesem Zeitpunkt an ist der europäische Integrationsprozeß unumkehrbar. Die Politiker haben im übrigen nicht unrecht. Sie scheinen sich nur nicht bewußt zu sein, welchen Preis Europa für ihre vorschnellen Entscheidungen zahlen muß.

Die Wirtschaft einer ausgedehnten Freihandelszone wie der Europäische Markt ist vergleichbar mit einem System kommunizierender Röhren. Wenn der Druck in einer der Röhren steigt, dann steigt der Pegel in den anderen Röhren. Wenn alle Röhren hermetisch abgeschlossen werden, dann besteht die Gefahr, daß ein plötzlicher Druckanstieg das gesamte System in die Luft jagt. Mit dem wirtschaftspolitischen Instrumentarium der nationalen Behörden ist es genauso. Eine einheitliche Wirtschafts-, Sozial- und Steuerpolitik führt langfristig automatisch zu einer einheitlichen Währungspolitik und der damit einhergehenden Währungsunion. In Notfällen, wenn der Druck im wirtschaftlichen, sozialen oder steuerlichen Rohr zu groß wird, kann ein europäisches Land jedoch immer noch sein Heil in einer Abwertung suchen. Die Währungspolitik eines einzelnen Landes funktioniert dann als eine Art Sicherheitsventil für das gesamte System. Entferne dieses Ventil, und das wirtschaftliche Geflecht der Freihandelszone wird zur gefährlichen Zeitbombe.

Wieviel Arbeit noch zu erledigen ist, stellte sich im Februar 1996 heraus, als die *Financial Times* die Geschichte eines gewissen Peter Gelhard veröffentlichte. Der »brave« fünfundfünfzigjährige Wursthändler aus Koblenz wurde im Februar zu einer Gefängnisstrafe von drei Jahren und neun Monaten sowie einem nicht geringen Bußgeld von 1,3 Millionen DM verurteilt. Das war der Preis, den der Wursthändler nach dem Urteil eines deutschen Gerichts für seine steuerlichen Abenteuer im nahegelegenen Luxemburg zu zahlen hatte. Obwohl Gelhard im eigenen Land wie ein Wirtschaftskrimineller behandelt wurde, ist sein Vergehen in den Augen vieler europäischer Sparer ein Kavaliersdelikt. In Zusammenarbeit mit der Filiale der Dresdner Bank in Koblenz schleuste Gelhard einen Teil seiner Ersparnisse zur Filiale der Dresdner Bank in Luxemburg, wo er steuerfrei seine Kupons in Empfang nahm. Leider »vergaß« er jedoch, diese Einkünfte im eigenen Land anzugeben. Ein Szenario, das manch europäischem Sparer wohl sehr bekannt in den Ohren klingt.

Die Unterschiede bei den mobilen Steuervorauszahlungen bei Einkünften aus Sparguthaben ist nur eines der unzähligen wettbewerbsverzerrenden Elemente in dem sogenannten einheitlichen europäischen Markt für Kapital, Waren, Dienstleistungen und Arbeit. Seit der Einführung der deutschen mobilen Steuervorauszahlung bei Zinsen im Jahre 1993 hat die Bundesrepublik eine Kapitalflucht nach Luxemburg in geschätzter Höhe von dreihundert Milliarden DM erlebt. Es ist eine unehrliche Form wirtschaftlicher Konkurrenz, wogegen die Deutschen nur bitterwenig unternehmen können – genausowenig wie gegen die Tatsache, daß ein portugiesischer Arbeiter fünfmal billiger ist als ein deutscher. Oder gegen die Tatsache, daß seit der Abwertung des britischen Pfundes im Jahre 1992 im Vereinigten Königreich hunderttausende Arbeitsplätze geschaffen worden sind, während in Deutschland die Arbeitslosigkeit weiter gestiegen ist. Solange diese Diskrepanzen nicht verschwinden, hat die EWU keine Chance zu gelingen.

Die Geschichte von Peter Gelhard schaffte es, am 13. Februar 1996 auf der zweiten Seite der *Financial Times* veröffentlicht zu werden. Ironischerweise stand auf der nebenstehenden Seite unter der Überschrift »Santer Seeks to

Rebuild Confidence« eine Geschichte über die Versuche der europäischen Politiker, das Vertrauen in ihre wackelnde Europäische Währungsunion wiederherzustellen. Anlaß dafür war der Aufruf des Vorsitzenden der Europäischen Kommission, Jacques Santer, einen europäischen Vertrauenspakt für die Schaffung von Arbeitsplätzen zu bilden. Es war der x-te Versuch der europäischen Politiker, mit Hilfe eines hohlen Spruches die wachsende Unzufriedenheit unter dem europäischen Publikum zu dämpfen. In der Presse wurde der Vorschlag Santers denn auch höhnend als »der Verzweiflungspakt« abgetan.

Was die europäischen Politiker nicht einsehen (wollen), ist, daß eine echte Währungsunion mit einer europäischen Einheitswährung ein ökonomisches Projekt ist, das mehr ist als nur die Abschaffung der Grenzkontrollen und das Erfinden billiger Sprüche über Vertrauenspakte usw. Wenn Europa eine einheitliche Währung will, dann braucht es auch ein einheitliches Sozialsystem und ein einheitliches Steuersystem – ohne steuerliche Geschwülste wie Luxemburg. Es müssen Haushaltsmechanismen eingeführt werden, um ins Hintertreffen geratene Regionen zu fördern, und die europäischen Arbeiter müssen wie in den USA lernen, auf einem kompetitiven Arbeitsmarkt, wo die einzige Alternative zu Flexibilität Armut heißt, zu funktionieren. Über das Prinzip einer Einheitswährung und einer Europäischen Zentralbank sind sich die europäischen Politiker einig. Einheitliche Steuergesetzgebung oder soziale Sicherheit werden jedoch mit keinem Wort erwähnt. Und über Steuertransfers oder Strukturänderungen auf dem Arbeitsmarkt schweigen Politiker lieber ganz.

Die Politiker scheinen fest davon überzeugt zu sein, daß sie die Gesetzmäßigkeiten der Volkswirtschaftslehre nicht zu beachten brauchen. Jedoch müssen immer mehr europäische Bürger den Preis für den Übermut ihrer politischen Führer bezahlen. Und dieser Preis ist nicht nur hoch, sondern er kommt vor allem sehr unerwartet. Jahrelang haben die Politiker ihren Wählern vorgegaukelt, daß die europäische Einigung ein »free lunch« sei: In einem vereinigten Europa würden jedem die gebratenen Tauben in den Mund fliegen. Nun stellt sich heraus, daß die wirtschaftlichen Skalenvorteile der europäischen Einheitswährung die wirtschaftlichen Forderungen der von Inflationsangst besessenen Deutschen Bundesbank nicht aufwiegen. Das vereinigte Europa, wie es im Vertrag von Maastricht definiert wurde, ist ein Europa, in dem einzig und allein das Recht des Stärkeren gilt. Wer mitspielen möchte – entsprechend den vom Stärksten aufgestellten Spielregeln –, hat jedoch den Preis dafür zu zahlen: der Betriebsschließungen, der Konkurse, der Arbeitslosigkeit und der sozialen Unruhe. Niemand hat uns erzählt, daß es so kommen würde. Das ist die Euro-Lüge.

Die EWU umgibt ein Tabu, das man besser nicht durchbricht. Das mußte der britische EU-Beamte Bernard Connolly zu eigenem Schaden und eigener Schande erfahren, als er nach der Veröffentlichung seines Buches *The Rotten Heart of Europe* ohne viel Aufhebens bei der Generaldirektion Währungsangelegenheiten der Europäischen Kommission in Brüssel entlassen wurde. Nach Meinung seines Arbeitgebers hatte Connolly persönliche Ansichten kundgetan, die nicht mit der Politik der Kommission übereinstimmten. Mit der Unfehlbarkeit des mächtigen Europäischen Organs wird nicht gespottet. Auch im restlichen Europa wird Kritik an der europäischen Einigung kaum geduldet. »Kritische Beiträge kommen da nicht rein«, so umschreibt ein Journalistenkollege hier in New York die redaktionelle Politik seiner französischen Zeitung. Die

Treue gegenüber dem europäischen Ideal ist über die Vernunft erhaben.

In Belgien wird die europäische Treue durch das Gespann Dehaene/Verplaetse erzwungen. Der belgische Ministerpräsident und der Vorsitzende der Nationalbank füttern die öffentliche Meinung mit konstantem Propagandastrom, mit dem Ziel, alle Kritik an der EWU oder der belgischen Währungspolitik im Keim zu ersticken. Dehaene schreckt im übrigen nicht davor zurück, auch bei seinen Nachbarn die Erfüllung der europäischen Treue zu erzwingen. »Jedesmal, wenn er entdeckt, daß ein Niederländer die Möglichkeit erwähnt, Belgien könnte im Jahre 1998 die Bedingungen zur Teilnahme an der Währungsunion nicht erfüllen, reagiert er wie von der Tarantel gestochen und ruft persönlich den niederländischen Ministerpräsidenten Kok an, um zu protestieren. Er will Benelux-Einigkeit und keine Suggestionen, daß die Niederlande wohl und Belgien nicht für den Euro bereit seien. Es ist eine belgische Prestige-Angelegenheit«, bemerkte die niederländische Zeitung *NRC Handelsblad*, nicht ohne die nötige Schadenfreude.

Die Schamlosigkeit, mit der die europäischen Politiker ihre Euro-Propaganda verbreiten, nimmt in dem Maße zu, in dem das magische Datum vom 1. Januar 1999 näherkommt. Dies wurde noch einmal im April 1997 bewiesen, als herauskam, daß der österreichische Euro-Ombudsmann – der erst einige Tage zuvor angestellt worden war, um die Österreicher »unparteiisch« über den Euro zu informieren – eigentlich auf der Gehaltsliste der Europäischen Kommission stand. Den Österreichern wurde schon seit langem immer klarer, daß ihnen aus Wien und Brüssel nicht die ganze Euro-Geschichte erzählt wurde. Mit einem wachsenden öffentlichen Unbehagen konfrontiert, beschloß das österreichische Finanzministerium deshalb am 1. April, einen unparteiischen Euro-Ombudsmann in Dienst zu stellen. Diese Ehre fiel Gustav Raab, dem ehemaligen Vorsitzenden der Österreichischen Vereinigung der Sparkassen, zu. Als wichtigster Wortführer der österreichischen Informationskampagne zum Thema Euro würde Raab nach Ansicht des Ministeriums vorurteilslos Informationen über die Vor- und Nachteile der EWU verbreiten.

Am 15. April stellte sich jedoch heraus, daß man in Österreich über eine besonders dehnbare Definition des Begriffes »vorurteilslos« verfügt. Nach Enthüllungen in der Zeitung *Salzburger Nachrichten* mußte Raab zugeben, daß er von der Europäischen Kommission für die Verbreitung von pro-europäischen Thesen bezahlt wurde. Raab ist einer der 14 österreichischen Volkswirte und Banker, die Mitglied des »Groupeuro« sind, einer Initiative der Europäischen Kommission. Mitglieder dieser Vereinigung haben bevorzugten Zugang zu wirtschaftlichen Informationen über die EWU und erhalten außerdem 300 Ecu für jeden Vortrag, den sie zu diesem Thema halten. Im Tausch dafür dürfen sie in ihren Reden nicht vom Evangelium nach der Europäischen Kommission abweichen.

Wie besorgniserregend Raabs Doppelspiel auch erscheinen mag, dies ist noch lange nicht das Ende der Horrorgeschichte. Nach Ansicht der britischen Zeitung *The Financial Times* sind in Europa mindestens 180 Mitglieder von »Groupeuro« unterwegs. 180 renommierte Volkswirte und Banker, die der Europäischen Kommission für 300 Ecu ihre Seele verkauft haben. Wie kann man einem Interview in einer europäischen Zeitung überhaupt noch Glauben schenken, wenn man weiß, daß der Volkswirt oder Banker, der da zu Wort kommt, vielleicht auf der Gehaltsliste der Europäischen Kommission steht?

Dieses Buch will versuchen, die Kehrseite der europäischen Medaille zu beleuchten. Die Thesen und Meinungen, die in diesem Buch zur Sprache kommen, stammen zum größten Teil aus dem Lager der Kritiker. Nennen wir sie Euroskeptiker, »Contrarians« oder »lästige Menschen«. Dies ist absichtlich so. Wer die offiziellen Standpunkte kennen möchte, findet sie im Strom der offiziellen Presseberichte. Europa verdient es, daß bezüglich des Themas EWU eine ehrliche, tabulose Diskussion geführt wird. Hoffentlich kann dieses Buch dazu einen kleinen Beitrag leisten.

Das grobe Quellenmaterial für dieses Buch entstammt den Hunderten von Artikeln über die europäische Einigung im Währungsbereich, die in den vergangenen Jahren in der belgischen, niederländischen und angelsächsischen Presse erschienen sind. Der kritische Blick auf dieses Material entstand durch die Gespräche mit einer Reihe von Volkswirten und Analytikern, denen ich allen für ihren Input sehr dankbar bin. Mein Dank gilt auch der Zeitung *De Financieel Economische Tijd,* die mir die Möglichkeit gab, in New York zu leben und zu arbeiten. Aus einer Entfernung von einigen Tausend Kilometern ist es soviel einfacher, das Geschehen in Europa durch eine andere Brille zu beobachten.

New York, April 1997, Peter Vanderbruggen

I. Die Euro-Lüge

> »Thus, the more we try to provide full security by interfering with the market system, the greater the insecurity becomes; and what is worse, the greater becomes the contrast between the security of those to whom it is granted as a privilege and the ever increasing insecurity of the underprivileged.«
> *F.A. Hayek, The Road to Serfdom*

Dezember 1995. Paris sitzt in der Klemme. Etwa eine Million Franzosen stehen überall im Lande auf den Barrikaden, um gegen die Sparpläne des französischen Premierministers Alain Juppé zu protestieren. Juppé wird heute bereuen, was er am 16. November einer regionalen Zeitung erklärte, behauptet Marc Blondel, der berühmte Führer der unabhängigen Gewerkschaft Force Ouvrière. »Wenn zwei Millionen Menschen auf die Straße gehen, dann wird meine Regierung nicht standhalten können«, sagte Juppé damals. Blondel jedoch, der mit bunten Hosenträgern und dicker Zigarre eher wie ein Yuppie als ein Gewerkschaftsführer aussieht, beißt ins Gras. Juppé bleibt im Sattel. Die Wut des französischen Volkes ist nicht daran schuld. Sogar nach zwei Wochen allgemeinen Durcheinanders standen weiterhin sechzig Prozent der reizbaren Franzosen hinter den Aktionsführern.

Sowohl für den französischen Präsidenten Chirac als auch für seinen Premierminister Juppé gab es im Dezember keinen Weg zurück mehr. Auch wenn Chirac aufgrund seines Versprechens, die Schaffung von Arbeitsplätzen oben auf die politische Tagesordnung zu setzen, gewählt worden ist, Ende 1995 hatte die europäische Wirklichkeit seine Worte eingeholt. Am 25. Oktober 1995 hatte Chirac Bundeskanzler Kohl getroffen, um ihn höchstpersönlich von der französischen Hingabe an die europäische Einigung zu überzeugen. Vor die Wahl zwischen den Zorn der Währungsmärkte und den Zorn des Volkes gestellt, wählte Chirac wohlweislich letzteren. Am nächsten Tag erklärte Chirac den französischen Bürgern im Fernsehen, daß von jetzt an das französische Haushaltsdefizit – und nicht die Arbeitslosigkeit – zur vorrangigen Aufgabe der französischen Regierung gehöre. Kurz darauf legte Juppé seinen umstrittenen Sparplan für die Sozialversicherung vor.

Die Aktionsführer in den Straßen von Paris hatten es im Dezember noch nicht kapiert, aber der französische Nationalismus hatte bereits Monate zuvor vor der deutschen Wirtschaftswalze, mit der Bundesbank am Steuer, kapituliert. Dazu reichte ein bißchen Unsicherheit auf den Wechselmärkten Mitte des Jahres 1995. Gerade genug, um Europa an das Trauma der Jahre 1992 und 1993 zu erinnern, als das Europäische Währungssystem auseinanderbrach. Die Buba, die Bundesbank, benötigte nur eine winzige Krise, eine Abwertung von Peseta und Escudo im März und etwas Druck auf den französischen Franc im Mai, am Vorabend der französischen Parlamentswahlen. Natürlich nicht zuviel, um den Franc wirklich in Gefahr zu bringen, aber gerade genug, um den Franzosen klar zu machen, wer in Europa das wirtschaftliche Sagen hat.

Um den Druck zu steigern, gab die Deutsche Bundesbank im September 1995 noch einmal deutlich zu verstehen, daß der Zeitplan der EWU ihr im Grunde genommen keinen Pfifferling wert sei. Sowohl Finanzminister Theo Waigel als auch Buba-Vorsitzender Tietmeyer zeigten damals klar und deutlich, daß Deutschland es nicht zulassen würde, an den Maastricht-Normen herumzuzerren, um die EWU zu retten. An den Normen könne Waigel zufolge keinesfalls gerüttelt werden, auch nicht, wenn dies bedeute, daß Länder wie Italien, Belgien oder gar die Niederlande nicht an der EWU teilnehmen könnten. »Die Stabilitätsgarantie für die Einheitswährung auf der Grundlage von festen Kriterien ist wichtiger als das Anfangsdatum der Währungsunion. Die Stabilität hat Vorrang vor dem Kalender«, so Waigel.

Die Buba nutzt das Ticken der Uhr in Richtung 1999 nur zu gerne als Hebel, um dem Rest Europas ihre absurden wirtschaftlichen Forderungen aufzuerlegen. Diese Forderungen laufen darauf hinaus, daß die neue europäische Einheitswährung genauso stark werden soll wie die Deutsche Mark. Daß dies den Wirtschaftssystemen ihrer europäischen Partner den Hals umzudrehen droht, damit hat die Buba nichts zu schaffen. Wer nicht mithalten kann, muß eben aussteigen. Die hartherzige Haltung der Buba fällt im übrigen nicht bei allen Deutschen auf fruchtbaren Boden. Altbundeskanzler Helmut Schmidt bezichtigte im September 1995 in einem Artikel in *Die Zeit* die Buba offen eines »DM-Nationalismus«: »Für einige Herren der Bundesbank ist es längst ständige Praxis, leise und laut der im Maastrichter Vertrag verabredeten Währungsunion psychologisch wie politisch den Boden zu entziehen.« Nach Meinung des Altbundeskanzlers überschritt die Bundesbank ihre Kompetenzen, indem sie offen gegen den Maastrichter Vertrag argumentierte, gegen einen Vertrag, der durch die deutsche Regierung unterzeichnet worden ist und dem das deutsche Parlament zugestimmt hat. Schmidt beschuldigte die Bank schließlich, ihre eindrucksvolle Macht mit »populistischen Kraftmeiereien« erhalten zu wollen.

Der Terrorismus der Buba wirkt jedoch auf wundersame Weise. Es wird immer deutlicher, daß die Deutsche Mark (auch wenn der Name verschwindet) der Anker der EWU sein wird. Durch seine harten Aussagen im September gelang es Waigel später im Jahr, seine Pläne für einen sogenannten Stabilitätspakt auf die europäische Tagesordnung zu setzen. In der Praxis ist dieser Pakt nicht mehr als ein zusätzliches Schloß an der monetären und steuerlichen Zwangsjacke, in die die Buba den Rest Europas einschließen möchte. Es läuft darauf hinaus, daß die strengen Maastricht-Normen – die sowieso wahrscheinlich niemand erfüllen kann – bis nach 1999 in Kraft bleiben.

Wie hartherzig die deutschen Bedingungen auch erscheinen, die Chance, daß deutsche Politiker nachgeben werden, ist äußerst gering. Das rührt daher, daß die Bundesbank die Wählerschaft und die deutschen Sparer auf ihrer Seite hat. Für Schmidt ist es einfach, die Buba öffentlich anzugreifen, aber Bundeskanzler Kohl muß noch immer an seine Wähler denken – und außerdem spürt er den Atem der SPD-Opposition in seinem Nakken. Die deutschen Wähler sehen der Tatsache, daß sie ihre geliebte D-Mark bald gegen einen unsicheren Euro werden eintauschen müssen, mit Argusaugen entgegen. Einer Meinungsumfrage vom *Spiegel* zufolge würden 77 Prozent der deutschen Wählerschaft einen Aufschub der EWU begrüßen. Obwohl das Bundesverfassungsgericht im Februar '97 durch seinen obersten Richter Paul Kirchof verkünden ließ, daß der Schutz aller deutschen Spareinlagen durch das Grundgesetz gewährleistet ist, gehen viele deutsche Anleger auf Nummer sicher. Die Kapitalflucht aus der D-Mark sorgte im Laufe des Jahres 1995 für eine beachtliche Aufwertung des Schweizer Franken, der Ende '96 und Anfang '97 von einem wahrlichen Kursansprung des Dollars gegenüber der D-Mark gefolgt wurde.

Und der europäische Bürger? Den erreichte Ende Dezember 1995 die erfreuliche Nachricht, daß die europäischen

Politiker auf der Gipfelkonferenz in Madrid einen Namen für die europäische Währung gewählt hatten: Euro (ECU ging nicht, weil dieser Name die Deutschen zu sehr an die heutige Korbwährung erinnert, zu der auch schwache europäische Währungen wie Peseta und Escudo gehören). Madrid sollte ein für allemal die restliche Unsicherheit bezüglich der EWU aus der Welt schaffen. »Die europäische Einheitswährung Euro kommt«, schrieb eine belgische Zeitung triumphierend. Die europäischen Regierungschefs einigten sich in Madrid darauf, daß die dritte und definitive Phase der EWU am 1. Januar 1999 beginnt.

Anfang 1998 soll auf der Grundlage der realen Zahlen des Jahres 1997 entschieden werden, wer die europäische Reifeprüfung bestanden hat. Die Bedingungen sind hinreichend bekannt: ein Haushaltsdefizit von maximal 3 Prozent des Bruttoinlandsprodukts; eine Staatsverschuldung, die nicht höher ist als 60 Prozent des Bruttoinlandsprodukts oder die sich in einem befriedigendem Tempo diesem Grenzwert nähert; eine Inflationsrate, die maximal 1,5 Prozent höher liegt als in den drei EU-Ländern mit der niedrigsten Inflation; eine Währung, die zwei Jahre lang innerhalb der Schwankungsmargen des EWS geblieben ist; und ein langfristiger Zinssatz, der maximal 2 Prozent höher ist als in den drei EU-Mitgliedstaaten mit der niedrigsten Inflationsrate. Wer diese Bedingungen erfüllt, darf mitmachen, der Rest bleibt draußen. So einfach ist das.

Der Bürger, der sich fragt, wann er nun endlich sein Brot mit Euros bezahlen wird, bekam in Madrid zu hören, daß die Einführung von Euro-Banknoten und Euro-Münzen spätestens im Jahre 2002 erfolgen wird. In der Zwischenzeit wird der Euro nur für Finanztransaktionen benutzt. Sparer werden schon früher mit der Währung in Berührung kommen, da die europäischen Länder ab dem 1. Januar 1999 einen beachtlichen Teil ihrer Staatsschuld in

Euros finanzieren werden. Irgendwann nach der Einführung der Münzen und Banknoten im Jahre 2002 werden die nationalen Währungen aus dem Umlauf verschwinden.

Es klang alles so schön, aber die Europäer waren nicht beeindruckt. Es schien, als ob die Politiker ihre Wähler irgendwo auf dem Weg zum europäischen Walhalla verloren hatten. Eine Meinungsumfrage der Europäischen Kommission ergab, daß nur 54 Prozent der Befragten – nach Meinung der Kommission eine »solide absolute Mehrheit« – eine Einheitswährung befürworteten. Unabhängigen Meinungsumfragen zufolge lag der Prozentsatz jedoch eher bei 47 Prozent. Vor allem die Deutschen, deren Unterstützung notwendig ist, halten nicht viel vom Euro. Nur 36,8 Prozent stehen hinter einer Einheitswährung. Auch die Österreicher, Briten, Finnen, Dänen und Schweden haben so ihre Zweifel.

Die Ergebnisse der Meinungsumfrage der Europäischen Kommission – die übrigens erst nach langem Protest seitens der Presse freigegeben wurden – zeigen außerdem, daß der Durchschnittseuropäer kein Vertrauen in die Folgen der EWU hat. Daß die Währungsunion das Reisen und Einkaufen vereinfachen wird und daß die Kosten für Unternehmen ebenso wie die Unsicherheit auf den Währungsmärkten sinken werden, das hatten die Europäer sehr gut begriffen. Auf die Frage, ob die Europäische Währung mehr Arbeitsplätze schaffen werde, gaben jedoch 52 Prozent eine negative Antwort. Nur 37 Prozent erwarteten ein stärkeres Wirtschaftswachstum von der EWU, während 41 Prozent eine Wachstumsverzögerung voraussagten. Das Schlimmste jedoch war, daß 44 Prozent der Meinung waren, daß der Euro mehr Nachteile als Vorteile hat. 32 Prozent vermuteten das Gegenteil.

Abbildung I: Europa ist nicht verrückt nach dem Euro

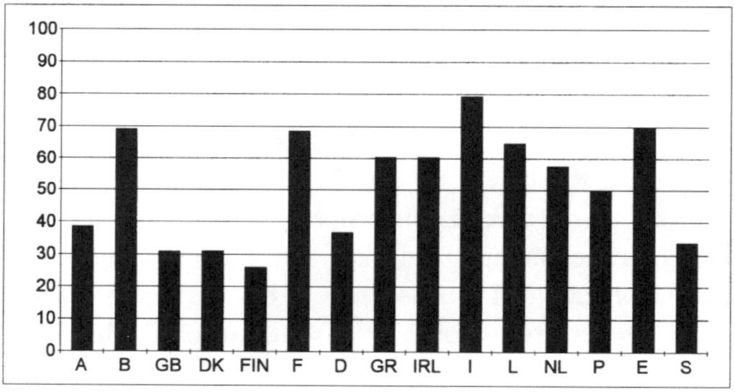

Prozentsatz der Bevölkerung, der mit dem Tausch der nationalen Währung gegen den Euro einverstanden ist
Quelle: Independent – 8. Dezember 1995

Wenn Politiker und einfache Menschen sich nicht einig sind

Wie kommt es, daß die europäische Wählerschaft keine Ahnung von den vielen Vorteilen eines vereinten Europa und einer Einheitswährung hatte? Hatten denn die Politiker nicht bis zum Überdruß erklärt, daß der Euro nur Vorteile biete? Die Europäische Währungsunion – dieses Wunder europäischer Integration – würde die Arbeitslosigkeit bekämpfen, die Zinsen senken, die Wirtschaft ankurbeln – und womöglich auch noch zu einer wirklich politischen Europäischen Union führen. Warum hatten die Bürger dies nicht kapiert? Das Magazin *The Economist* hatte darauf eine einfache Antwort: »Wenn Politiker und einfache Menschen sich nicht einig sind, dann kann man besser den einfachen Menschen vertrauen.«

Die europäischen Politiker haben in den vergangenen

Jahren eine lange Liste mit Gründen erdacht, warum die EWU wünschenswert und gar notwendig ist. Wer es in den Vorträgen von Regierungschefs, Finanzministern und Zentralbankern nachliest, wird mit Argumenten überhäuft, die alle auf die zahlreichen wirtschaftlichen Vorteile hinweisen. Nach Meinung des vorigen französischen Premierministers Juppé ist alles glasklar: »Währungsstabilität heißt wirtschaftliche Stabilität, und das bedeutet wiederum Wachstum und Schaffung von Arbeitsplätzen«, erzählte er im Februar 1996 dem französischen Parlament. Eine zweifelhafte Überlegung, die vielleicht gut klingt, jedoch nicht ganz mit den harten Zahlen übereinstimmt. Seit der ersten EWS-Krise im September 1992 ist in Frankreich die Arbeitslosigkeit dank der Politik des harten Franc von 10,5 auf 12,8 Prozent gestiegen. Im Vereinigten Königreich ist die Arbeitslosigkeit dagegen nach der Abwertung des Pfundes von 10 auf 6,1 Prozent gesunken. Soweit die positiven Folgen von Währungsstabilität.

Die EWU hat jedoch noch weitere Vorteile. Im schuldengeplagten Belgien machen die Staatsfinanzen eine Währungsunion notwendig. Nach Meinung von Finanzminister Maystadt und Gouverneur Verplaetse von der belgischen Nationalbank wird Währungsstabilität zu niedrigeren Zinssätzen führen. Und die kann Belgien mit seiner schweren Schuldenlast in Höhe von 132 Prozent des BIP gut gebrauchen. Die Überlegung, daß Staatsanleihen in Euro für Belgien billiger sein werden als Staatsanleihen in belgischen Franken, ist jedoch überhaupt nicht stichhaltig. Nur weil Belgien im nächsten Jahrhundert in der gleichen Währung Kredite aufnehmen wird wie Deutschland und die Niederlande, bedeutet das noch nicht, daß es auch zum gleichen Zinssatz leihen kann. Die Überlegung ist genauso weit hergeholt wie die Behauptung, daß Donald Trump zu den gleichen Bedingungen wie der amerikanische Staat leihen kann, einzig und allein, weil beide in Dollar leihen.

»Der einzige Unterschied zwischen einer belgischen Staatsanleihe und einer Bundesanleihe nach der EWU ist das Kreditrisiko«, behauptet der Verwalter eines amerikanischen Hedge Fonds. Jetzt leiht die belgische Regierung in der gleichen Währung, in der die Belgier auch sparen. Das heißt, daß die Schuld dank der Sparsucht der Belgier vorteilhaft intern finanziert werden kann (worauf Verplaetse im übrigen unheimlich stolz ist). Die Belgier kümmert das Kreditrisiko von Vater Staat nicht sehr. Sie glauben, daß Vater Staat ja nie pleite gehen kann. Nach der EWU wird Belgien jedoch mit dem Rest Europas konkurrieren müssen, um Euros anzuziehen. Das bringt den belgischen Staat in ungefähr die gleiche Position wie Mexiko, das seine Schulden in Dollars finanzieren muß.

Hat die Einführung der EWU denn überhaupt keine Vorteile? Doch. In seinem letzten *Economic Outlook* für Europa widmete die Organisation für wirtschaftliche Zusammenarbeit und Entwicklung (OECD) den Vorteilen eines vereinigten Marktes und einer einheitlichen Währung zwanzig Seiten. Die Vorteile stimmen im großen und ganzen mit den technischen Einsparungen überein, die die Europäische Kommission 1988 selbst im Cecchini-Bericht definierte. Damals schätzte die Kommission die Erträge des vereinigten europäischen Marktes auf 4,5 Prozent des europäischen BIP. Die Vorteile der EWU wurden auf 5,5 Prozent geschätzt. Der Wegfall der Transaktionskosten beim Wechselverkehr ist eine der meist auf der Hand liegenden Einsparungen. Die europäischen Bürokraten erzählen gerne die Geschichte des europäischen Bürgers, der durch Europa reist und überall sein Geld umtauscht, bis er am Ende seiner Reise durch die fünfzehn Mitgliedstaaten die Hälfte an Provisionen verloren hat. Leider gibt es nicht viele Europäer, die sich mit solch nutzlosen Unternehmungen die Zeit vertreiben, und der »unglaubliche Ertrag« dieser Einsparung beträgt denn auch nur 0,5 Prozent des europäischen BIP – sogar wenn man die Umtauschgebühren für Unternehmen mitrechnet. Das ist genausoviel wie der geschätzte Ertrag der freien europäischen Ausschreibungen für öffentliche Aufträge – etwas, worauf die Politiker erstaunlicherweise längst nicht so scharf sind wie das Schließen der Wechselstuben.

Ob das Verschwinden des Wechselkursrisikos den europäischen Unternehmen soviel Gewinn bringen wird, darüber läßt sich streiten. Nach Ansicht der Kommission würde der wirtschaftliche Gewinn durch das Verschwinden des Wechselkursrisikos und der damit einhergehenden Unsicherheit sich auf bis zu 5 Prozent des europäischen BIP belaufen. Diese Zahl ist aber nur eine grobe Schätzung. Die Unternehmen verfügen bereits heute über ein breites Spektrum an Hedging-Instrumenten, die es ihnen erlauben, sich gegen Wechselkursschwankungen zu wappnen. Im Gegensatz zu dem, was häufig behauptet wird, kostet dieses Hedging nicht immer Geld. Im Gegenteil. Viele große multinationale Unternehmen gestalten ihre Bargeldverwaltung als ein getrenntes Profit-Center, wo geschulte Arbitrageurs versuchen, einen extra Gewinn einzufahren, indem sie mit den Wechselkursen spekulieren. So spekulierten zum Beispiel zur Zeit der EWS-Krise im Jahre 1992 viele große amerikanische Multinationals aktiv gegen das Pfund und die italienische Lira. Der gesamte Kostenaspekt ist übrigens – genauso wie die Währungsmärkte – ein Nullsummenspiel: Was die Unternehmen verlieren, wird von den Banken gewonnen und umgekehrt.

Ein anderer, oft erwähnter Vorteil der EWU läge im Bereich der Skalenvorteile. Die Union muß es den europäischen Unternehmen, ebenso wie ihren amerikanischen Kollegen, ermöglichen, durch größere Kosteneinsparungen und einen erweiterten Markt eine wichtigere Position auf dem heimischen Markt zu erwerben. Aus dieser stärkeren Position auf dem heimischen Markt heraus wird es für europäische Unternehmen einfacher sein, auf internationalen Märkten ihren Mann zu stehen. Das stimmt, aber Skalenvorteile sind eher von der baldigen Vollendung des europäischen Binnenmarktes als von der Vollendung der Währungsunion abhängig. Die Unternehmen hätten mehr davon, wenn die Europäische Union ihre Energie auf eine Erweiterung des Binnenmarktes richten würde, wodurch die Skalenvorteile weiter zunehmen würden. Die EWU droht dagegen, den europäischen Markt auf eine kleine Gruppe Glücklicher zu reduzieren, was die Skalenvorteile Europas zunichte machen würde.

Bleibt allein noch das politisch gefärbte Argument, daß Europa den Euro als Gegengewicht zum amerikanischen Dollar und dem japanischen Yen benötigt. Es kann nur einem französischen Bürokraten wie Alain Minc in den Sinn kommen, in der Zeitung *The European* zu schreiben, daß die Amerikaner die EWU aktiv boykottieren, um die Position des Dollar als internationale Reservewährung zu sichern. Vielleicht sollte man sich in Europa doch einmal fragen, womit man in den letzten fünf Jahren besser gefahren wäre: der monetär restriktiven Politik der Bundesbank oder der flexiblen Politik der amerikanischen Federal Reserve Bank?

Tabelle 1: Was bringt die EWU ein?

Binnenmarkt		**EWU**	
Abschaffung der Grenzkontrollen	0,4%	Verschwinden der Kosten für Wechseltransaktionen	0,5%
Freie öffentliche Ausschreibungen	0,5%	Geringere Risiken und größere Sicherheit	5,0%
Freie Finanzmärkte	1,5%		
Größere Skalenvorteile	2,1%		
Gesamt	4,5%	Gesamt	5,5%

Ertrag Binnenmarkt und EWU (Prozentsatz des europäischen BIP)

Quelle: Europäische Kommission, 1988

Es bleiben also nur wenig wirtschaftliche Argumente zugunsten der EWU übrig. Die meisten der angeführten makroökonomischen Argumente sind purer Unsinn, während die technischen Kosteneinsparungen zumindest sehr optimistisch geschätzt worden sind. Der einzige wichtige Vorteil ist, daß die EWU es schwächeren Ländern erlaubt, ihre Inflation auf das Niveau des europäischen Inflationsgeiers par excellence zu senken: Deutschland. Daß das EWS auf diesem Gebiet schon immer ein ungeteilter Erfolg gewesen ist, steht außer Frage. Die Politik der harten Währung in Frankreich und Belgien hat zu einem starken Rückgang der Inflation geführt, wodurch der Unterschied bei den langfristigen Zinsen zwischen Deutschland einerseits und Frankreich oder Belgien andererseits merklich geringer geworden ist. Anfang 1986 war die französische Inflationsrate zum Beispiel fast 3 Prozent höher als die deutsche. Weil die Inflation an den Erträgen von Anlegern in Obligationen nagt, forderten Anleger deshalb eine Rendite bei französischen Staatsobligationen, die ebenfalls 3 Prozent höher sei als die Rendite bei vergleichbaren deutschen Obligationen. Dies bedeutete also höhere Zinsbelastungen für den französischen Staat. Sechs Jahre später war die französische Inflation infolge der strikten Geldpolitik niedriger als die deutsche. Somit mußte der französische Staat nur ein paar Prozentpunkte mehr zahlen als die Deutschen. Dies bedeutet nicht nur geringere staatliche Ausgaben, sondern durch den Zusammenhang, der zwischen den Zinsen bei Staatsobligationen und anderen Zinssätzen besteht, auch niedrigere Hypothekentarife zum Beispiel für denjenigen, der ein Haus kaufen wollte. Und das war natürlich eine angenehme Nebenerscheinung.

Das Inflationsargument verdeutlicht jedoch gleichzeitig den größten Nachteil der EWU. Wenn ein Land seine Inflation bis auf das deutsche Niveau senken möchte, dann muß es in der Praxis der Deutschen Bundesbank seine Währungssouveränität übertragen. Die Inflationsrate in der EWU wird das Ergebnis der Inflation in den an der Währungsunion teilnehmenden Ländern sein. Die stringenten Normen im Vertrag von Maastricht dienen dazu, die Deutschen zu beruhigen, daß die zukünftige europäische Inflation nicht höher sein wird als das, was die Buba tolerieren möchte. Mit anderen Worten werden alle an der EWU teilnehmenden Länder gezwungen, sich selbst um jeden Preis bis auf das Niveau des Spitzenreiters hochzuziehen. Deshalb ist die EWU eigentlich keine echte Union, wenn man bedenkt, daß die Mitglieder einer Union die eine oder andere Form von Solidarität im Hinblick auf ihre Mitstreiter an den Tag legen sollten. Der Vertrag ist so gefaßt, daß Mitglieder, die Solidarität gebrauchen könnten, von vornherein ausgeschlossen werden. So schließt der Vertrag ausdrücklich aus, daß ein Land in Zeiten finanzieller Not durch andere gerettet werden kann.

Noch wichtiger ist die Frage, was passieren wird, wenn die EWU einmal Wirklichkeit ist. Über die Währungspolitik der Europäischen Union wird die Europäische Zentralbank (EZB) entscheiden. Sie wird der gesamtwirtschaftlichen Lage in Europa Rechnung tragen müssen. Was wird die EZB tun, wenn in Frankreich eine Rezession herrscht und gleichzeitig die deutsche Wirtschaft zu überhitzen droht? Solche Szenarien sind möglich, weil die Wirtschaftssysteme Europas noch lange nicht in ausreichendem Maße konvergiert sind. Deutschland, die Niederlande und Österreich bilden einen soliden Handelsblock mit integrierten Wirtschaftssystemen, aber für den Rest Europas gilt dies nicht. Das heißt, daß die wirtschaftlichen Folgen von externen Erschütterungen innerhalb der EU sehr unterschiedlich sein können. Man stelle sich einen plötzlichen Anstieg der Ölpreise vor. Eine solche Erschütterung hätte einen positiven Einfluß auf die britische Handelsbilanz, würde den übrigen EU-Ländern jedoch schaden, da das Vereinigte Königreich der einzige europäische Ölproduzent ist. In Anbetracht der relativ großen Bedeutung der Landwirtschaft für die französische Wirtschaft hätte eine plötzliche Senkung der Preise für landwirtschaftliche Erzeugnisse wiederum viel mehr negative Folgen für Frankreich als für Deutschland.

Die Folge von alldem ist, daß die europäischen Wirtschaftssysteme sich unter bestimmten Umständen in völlig verschiedene Richtungen entwickeln können. Indem sie sich in einer Währungsunion vereinen, geben die europäischen Länder ihr wichtigstes wirtschaftspolitisches Instrument zur Kompensation externer Erschütterungen aus der Hand, denn im Falle wirtschaftlicher Probleme kann die Zentralbank die Zinsen nicht senken, wenn diese Probleme sich nur auf eine Region beschränken. Auch fällt die ultimative Lösung einer Abwertung der Währung zur Wiederherstellung der Wettbewerbsfähigkeit weg. Dies hat vor allem immense Folgen für den Arbeitsmarkt. In dem bereits erwähnten OECD-Bericht werden den Risiken, die dies mit sich bringt, 140 Seiten gewidmet.

Tatsache ist, daß die EU in der Praxis eine gebrechliche Währungszone ist. Die sogenannte »Theorie der optimalen Währungszonen«, in den sechziger Jahren von dem kanadischen Volkswirt Robert Mundell entwickelt, besagt, daß drei Bedingungen erfüllt sein müssen, damit mehrere Länder ohne Probleme die gleiche Währung nutzen können: eine starke Mobilität von Kapital und Arbeit, freier Warenverkehr und eine zentrale Haushalts- und Währungsbehörde. Freier Verkehr von Personen, Kapital und Waren haben wir in Europa im Prinzip schon seit dem Jahre 1992, und eine zentrale Währungsbehörde wird es ab dem 1. Januar 1999 auch geben. Eine zentrale Haushaltsbehörde ist in Europa jedoch tabu. Und von einer Arbeitsmobilität kann noch gar keine Rede sein.

Diese Art tiefgreifender Veränderungen der europäischen Kultur verwirklicht man nicht einfach so, indem man nur die Grenzen öffnet. Einem europäischen Arbeiter zum Beispiel, der innerhalb der Währungszone der EWU mit einem kompetitiven Nachteil konfrontiert wird, bleiben nach der Theorie von Mundell nur vier Möglichkeiten. Erstens, er kann mehr arbeiten für das gleiche Geld. Zweitens, er kann sich für die gleiche Arbeit weniger bezahlen lassen. Drittens, er kann in eine andere Region der Währungszone ziehen, wo die Nachfrage nach Arbeit größer ist. Oder viertens, er kann arbeitslos werden. Da die ersten drei Lösungen den meisten europäischen Arbeitern nicht wirklich zusagen, ist es nicht verwunderlich, daß viele Volkswirte voraussagen, daß die Arbeitslosigkeit in Europa in den nächsten Jahren bis auf 15 Prozent steigen könnte.

Die EWU ist ein politisches Projekt

Die Europäische Währungsunion ist anscheinend aus wirtschaftlicher Sicht bei weitem nicht so stichhaltig, wie die Politiker uns dies glaubhaft machen wollen. Das kommt daher, weil die EWU im Grunde genommen gar kein wirtschaftliches Projekt ist. Im Gegensatz zum Binnenmarkt, der 1984 vom damaligen Vorsitzenden der Europäischen Kommission, Jacques Delors, als Mittel gegen die Eurosklerose eingeführt wurde, ist die Währungsunion ein rein politisches Projekt. Die Politiker behaupten zwar, daß die EWU zum Schutze der Errungenschaften notwendig sei, aber dies ist keineswegs der Fall. Genausowenig ist die EWU die logische Folge der europäischen monetären Zusammenarbeit innerhalb des EWS. Der wichtigste Vorteil des EWS, seine Flexibilität, droht ja mit der Einführung des Euro völlig zu verschwinden.

Die Mär, daß die europäische Einigung im Währungsbereich vor allem ein wirtschaftliches Projekt ist, ist zweifelsohne die größte aller europäischer Lügen. Die Politiker standen vor dem Problem, wie sie den europäischen Bürgern das politische Projekt – das »Maastricht« zweifellos ist – schmackhaft machen konnten. In Anbetracht der prekären Situation, in der sich die europäische Wirtschaft im Jahre 1991 befand, lag die Lösung auf der Hand: »Maastricht« sollte der Schlußteil des europäischen Binnenmarktes werden und somit zur wirtschaftlichen Wiederbelebung Europas beitragen. Der Binnenmarkt – ein zum größten Teil wirtschaftliches Projekt – und die Einheitswährung – ein rein politisches Projekt – wurden durch die Politiker zu einem einzigen Projekt erhoben. Das erste würde nicht nur unvermeidlich zum zweiten führen, mehr noch, die schnelle Einführung der Einheitswährung sei sogar notwendig, um die Vollendung des Binnenmarktes und dessen zahlreiche wirtschaftliche Vorteile nicht zu gefährden. Das war es jedenfalls, was die Politiker ihren Wählern glaubhaft machten. Das europäische Tandem sollte weiterfahren, sonst drohte es umzufallen. Der Mythos des Tandems war geboren.

Die Koppelung des Binnenmarktes an die europäische Währungsunion ist von den Politikern immer als Tatsache vorausgesetzt worden. »Wenn man den Ehrgeiz hat, in Europa einen Markt zu schaffen, in dem sich Waren, Dienstleistungen und Kapital frei bewegen können, dann braucht man auch eine gemeinsame Währung«, erzählte Jacques De Larosière, ehemaliger Vorsitzender der Banque de France und derzeit Vorsitzender der Europäischen Bank für Wiederaufbau und Entwicklung, dem niederländischen Journalisten Roel Jansen vor einigen Jahren. Nach Meinung von De Larosière sei es nicht logisch, daß in einem vereinigten Markt, in dem alle übrigen Preise gleich sind, der Preis des Geldes variabel ist.

Es ist diese Art ökonomischer Märchen, die die Diskussion über die EWU jahrelang verzerrt haben. Der Preis des Geldes ist nicht mit dem Preis anderer Güter vergleichbar. Mehr noch, der variable Preis ist notwendig, um andere Preisunterschiede in einem vereinigten Markt zu kompensieren. Ein Volkswirt wie De Larosière weiß das sehr wohl, aber von europäischen Politikern kann man nicht erwarten, daß sie die echte Wahrheit hinter dem Vertrag von Maastricht enthüllen: daß sie dabei waren, die politische Landschaft Europas neu zu zeichnen, ohne sich die Mühe zu machen, zuerst die Meinung ihrer Wähler hierzu einzuholen. Statt dessen entschieden die Politiker, das Pferd von hinten aufzuzäumen. Statt die wirtschaftliche Union in Europa allmählich zu einer Währungs- – und später zu einer politischen – Union auswachsen zu lassen, zwangen sie Europa aus politischen Gründen in ein monetäres Korsett und machten den Bürgern weis, daß dies wirtschaftlich sinnvoll sei.

Die monetäre Einigung Europas war ein Projekt, dessen Terminplanung nicht durch die volkswirtschaftswissenschaftliche Literatur, sondern durch die politischen Entwicklungen in Osteuropa diktiert wurde. Bundeskanzler Kohl wußte 1989, daß die deutsche Wiedervereinigung eine Chance war, die er schnell ergreifen mußte. Jede Verzögerung erhöhte die Gefahr, daß das Projekt im letzten Moment nicht gelingen würde. Für Frankreich war die Aussicht eines wiedervereinten Deutschlands aus politischer und wirtschaftlicher Sicht keineswegs verlockend. Mitterrand stellte die Deutschen deshalb vor die ultimative Wahl: Wenn sie ein wiedervereintes Deutschland wollten, sollten sie die D-Mark opfern. Kohl griff zu, und »Maastricht« war Wirklichkeit.

»Obwohl die EWU für Unternehmen, die im- und exportieren, klare wirtschaftliche Vorteile mit sich bringt, ist sie in erster Linie immer ein politisches Projekt gewesen«, behauptet David Roche, ehemaliger Chefvolkswirt der prestigeträchtigen amerikanischen Investitionsbank Morgan Stanley in London. »Das wichtigste Ziel der EWU war es zu verhindern, daß ein vereintes Deutschland seine wirtschaftliche Macht in Europa in politischen Einfluß transformieren würde. Deshalb sollte die D-Mark, Bonns wichtigstes Element nationaler Politik, verschwinden.« Frankreich hatte die Befürchtung, daß ein vereintes Deutschland mit seinen achtzig Millionen Einwohnern zu mächtig werden könnte. Deshalb mußte die EWU so schnell wie möglich in Angriff genommen werden. Das vereinte Deutschland sollte ein europäisches Deutschland werden.

Erstaunlicherweise war Kohl sofort mit den französischen Bedingungen einverstanden. Kohl gehört zu jener

Generation von Deutschen, die Deutschland vor sich selbst schützen wollen. Er befürchtet, daß Deutschland ohne die europäische politische Zusammenarbeit wieder in die alten Fehler zu verfallen droht. Ein vereintes Europa, in dem Deutschland sich stur stellt, ohne daß man ihm Nationalismus vorwerfen kann, ist nach Ansicht von Kohl besser als ein Europa, in dem Deutschland den Mund nicht aufmachen darf, weil sonst alte Geschichten wieder aufgewärmt würden. Nur innerhalb einer Art Vereinigten Staaten von Europa kann Deutschland eine vollwertige politische Rolle spielen. Deshalb schlugen Kohl und Mitterrand Anfang 1990 vor, mit der EWU auch eine EPU, eine Europäische Politische Union, aus dem Boden zu stampfen. Eine engere politische Zusammenarbeit, zum Beispiel auf dem Gebiet der Justiz und der Sicherheit, war für Deutschland eine wichtige Bedingung, um die D-Mark aufzugeben. In solchen Angelegenheiten handelt Deutschland aus historischen Gründen ja lieber »mittels« Europa.

Kohl und Mitterrand hatten jedoch die Rechnung ohne den Wirt gemacht. Die Deutsche Bundesbank hielt nichts von der Idee, die stahlharte D-Mark gegen einen Euro aus Papier einzutauschen. Die darauffolgenden Versuche der Buba, den europäischen Integrationsprozeß in die von ihr gewünschte Richtung zu lenken, sollten fast die gesamte Geschichte des EMS nach Maastricht prägen. Jedesmal nutzte die Buba die Macht der D-Mark, um die anderen europäischen Partner in die Knie zu zwingen. Die Strategie der Bank war simpel: Wenn Kohl die D-Mark auf dem Altar der europäischen Einigung opfern wollte, würde die Buba dafür sorgen, daß diese Einigung einzig und allein unter ihren Bedingungen zustande kommen würde. Die französischen »Énarques« (jene Bürokraten, die an der École Nationale d'Administration [ENA] ausgebildet worden sind) dürften ihre Stempel auf die europäischen Institutionen drücken, aber die Buba würde die Spielregeln bestimmen.

Die Ereignisse während der EWS-Krise in den Jahren 1992 und 1993 (siehe Kapitel 3) zeigen, daß die Buba ihre Rolle wahrlich meisterhaft spielte. Denn einerseits trat sie auf wie ein Fels in der europäischen Brandung, war aber andererseits für das Unwetter verantwortlich, weshalb sich jeder an diesem Felsen festklammern wollte. Die Folge war, daß Deutschland ein Zugeständnis nach dem anderen erzwingen konnte. So verteidigte die Buba zwar den französischen Franc während der Spekulationsangriffe in den Jahren 1992 und 1993, aber die Franzosen mußten selbst die Rechnung zahlen. Die Buba diktierte auch die ökonomischen Konvergenzkriterien des Maastrichter Vertrages. Der Vertrag bestimmte, daß Preisstabilität die Priorität der Europäischen Zentralbank sei. Die EZB dürfe nicht unbeschränkt intervenieren, um Währungen in Not zu unterstützen, und verschiedene europäische Länder dürften sich im Falle eines finanziellen Debakels nicht bedingungslos gegenseitig helfen.

Vor allem mußten die Normen, die im Vertrag festgelegt wurden, dafür sorgen, daß nur solche Länder an der EWU teilnehmen könnten, die in der Lage seien, der rigorosen Politik der Buba zu folgen. Die Franzosen, Belgier und Italiener beriefen sich auf die Notklauseln im Vertrag, um zu zeigen, daß alles so schlimm nicht sei, aber die Buba wußte es besser. Die Bank hatte nie vorgehabt, auch nur ein Quentchen Währungs- und Preisstabilität für den Rest Europas zu opfern. Und die Deutschen hatten genausowenig vor, den Rest Europas mit riesigen Haushaltstransfers auf den Beinen zu halten. Dieses Opfer hatte die Buba schon einmal bringen müssen, als Bundeskanzler Kohl die weiche Ostmark mit der harten D-Mark gleichschaltete. Die Buba würde sich nicht zweimal an dem gleichen Stein stoßen. Als sie kapierte, daß der Rest Europas die Botschaft so nicht verstanden hatte, riß sie mit Hilfe der Währungsspekulanten das gesamte EMS-Bauwerk nieder.

Erst seit kurzer Zeit – jetzt, wo die wirtschaftlichen Fundamente unter der Last von Maastricht eingebrochen sind – geben die europäischen Politiker offen zu, daß die Europäische Währungsunion ein rein politisches Projekt ist. Die Europäische Kommission muß Anno 1997 zugeben, daß kaum ein Land die Maastricht-Normen erfüllen kann. Welch einen besseren Beweis für die Absurdität der Maastrichter Normen kann man sich erdenken als die Voraussicht, daß die Regierungschefs Europas Anfang 1998 zum Ergebnis kommen müssen, daß fast keiner die Normen erfüllt? Anstelle zuzugeben, daß der Euro nicht mehr war als das Wechselgeld für die deutsche Wiedervereinigung, versuchen die Politiker jetzt mit historischen Argumenten zu beweisen, wie wichtig Maastricht für den Frieden in Europa ist. Die Tatsache, daß alle europäischen Bürger mit der gleichen Münze zahlen werden, soll die ultimative Garantie für Frieden in Europa bieten – als ob der jugoslawische Dinar die Serben, Kroaten und Moslems davon abgehalten hat, sich gegenseitig umzubringen.

Die Frage, die sich aufdrängt, ist jedoch, ob Belgien und die Niederlande beim politischen Kuhhandel von Maastricht etwas zu gewinnen haben. Beim Kampf der Giganten zwischen Frankreich und Deutschland haben beide Benelux-Länder bitter wenig zu gewinnen. Deutschlands wirtschaftliche Schlagkraft innerhalb Europas mag Frankreich zwar ein Dorn im Auge sein, aber für Belgien und die Niederlande stellt dies keine politische Bedrohung dar. Auch die Allmacht der D-Mark ist für sie überhaupt kein Problem. Es sieht ganz danach aus, daß die Währungsbehörden in Amsterdam und Brüssel kein Problem damit haben, die meiste Zeit nach der Pfeife der Deutschen Bundesbank zu tanzen. In den Niederlanden gibt es kaum eine Diskussion über die Koppelung des Gulden an die D-Mark. In Belgien gibt es diese Diskussion schon, aber die unumkehrbare Koppelung in der EWU kann diese Probleme nur vergrößern.

Es bleiben also nur politische Argumente übrig. Welchen Vorteil haben Belgien und die Niederlande bei einem stärkeren europäischen Entscheidungsprozeß? Und dies gilt stellvertretend für andere kleine Länder. Keines der beiden Länder beabsichtigt, den Ereignissen in der restlichen Welt seinen Stempel aufzudrücken. Als kleine Länder lautet ihr Motto »leben und leben lassen«. Dieses Motto droht jedoch durch die Pläne für eine gemeinsame europäische Politik in Bedrängnis zu geraten. Das dirigistische französische Modell ist Belgien vielleicht nicht unbekannt, aber in Flandern und den Niederlanden wird es bestimmt nicht gut ankommen. Die Zusammenarbeit auf europäischer Ebene droht kleine Länder wie Belgien und die Niederlande der Möglichkeit zu berauben, bestimmte Probleme auf ihre eigene Art und Weise anzugehen – sogar wenn sich herausstellt, daß diese Art und Weise sehr effizient ist. Man betrachte in diesem Zusammenhang die französische Kritik an der niederländischen Drogenpolitik. Aber vielleicht sollte man sich öfter mal ein Beispiel an den Briten nehmen, die ganz klar nicht beabsichtigen, ihre eigene Art und Weise, Dinge anzupacken, für Europa zu opfern.

Die Tragödie der EWU

Das Tragische an der EWU ist, daß es ein politisches Projekt ist, das in ein wirtschaftliches Gewand gesteckt wurde. Das Projekt wurde immer mit wirtschaftlichen Argumenten verteidigt, wobei es den Politikern eigentlich gar nicht um die europäische Wirtschaft ging. Sie handelten aus politischen Gründen. Und doch war die Theorie, die hinter dem ganzen europäischen Einigungsprozeß steckt, sehr schön: Die Wirtschaft sollte den Zement für den Bau einer europäischen politischen Allianz liefern. Seit dem Marshallplan ist dies die zentrale Idee hinter dem Wiederaufbau Europas nach dem Zweiten Weltkrieg gewesen: Wirtschaftlicher Wohlstand führt zu Frieden.

Die europäischen Politiker – allen voran die Franzosen – waren jedoch nicht bereit, das Spiel entsprechend den von den ökonomischen Gesetzmäßigkeiten vorgegebenen Regeln zu spielen. Es ist diese typisch französische Mißbilligung der Regel des freien Marktes, die die europäische Zusammenarbeit im Währungsbereich seit Mitte der achtziger Jahre erschwert hat. Eine Zusammenarbeit im Währungsbereich, um die finanzielle Unruhe innerhalb Europas zu minimieren, ist eine Sache. Europa aus politischen Gründen in ein Währungskorsett zu zwingen, ist jedoch eine ganz andere. Die Buba mag während der EWS-Krise in den Jahren 1992 und 1993 zwar eine zweideutige Rolle gespielt haben, jedoch kann man den Mandarinen der Buba nicht vorwerfen, daß sie ihre Volkswirtschaftslehre nicht studiert hätten. Im Gegenteil, die Buba wußte, daß der politische Kuhhandel von »Maastricht« früher oder später mit der wirtschaftlichen Realität kollidieren würde. Gemäß ihrer verfassungsmäßigen Pflicht, die Deutsche Mark zu schützen, hat die Buba alles getan, um zu verhindern, daß Deutschland bei einem Einsturz des Bauwerks etwas abbekommen würde. Als diese Strategie im Laufe des Jahres 1992 verlangte, daß das EWS untergraben werden sollte, hat die Buba keinen Moment gezögert.

Die tiefere Ursache des Problems liegt jedoch bei den Franzosen. Beim französischen Modell war die Volkswirtschaft nie mehr als ein Instrument in den Händen der Politiker. Dies zeigt sich am deutlichsten bei der Art und Weise, in der das französische Geschäftsleben geführt wird. Manager wird man in Frankreich nicht, indem man eine Business School besucht, sondern indem man sein Diplom an der École Nationale d'Administration (ENA) macht, der Kaderschmiede für die französische Staatselite. Dem folgt eine erfolgreiche Karriere in der französischen Bürokratie oder Politik, und als Belohnung darf man zum Abschluß seiner Karriere ein großes Unternehmen leiten. In den Vereinigten Staaten überläßt man die Regierung des Landes Leuten, die ihre Sporen im Unternehmen verdient haben. In Frankreich überläßt man die Unternehmen den Leuten, die von der Politik geprägt sind. Wozu dies führen kann, zeigen die »Abenteuer« von Unternehmen wie Dassault, Bull, Cap Gemini und Crédit Lyonnais.

Für die französischen Bürokraten oder »Énarques« ist die Wirtschaft der Politik untergeordnet. Im September 1993 veröffentlichten eine Reihe dissidenter Volkswirte der Banque de France einen Artikel, in dem sie die französische Weigerung, die Gesetzmäßigkeiten der Volkswirtschaftslehre zu akzeptieren, anprangerten. Die Dissidenten benutzten das Pseudonym Galilée, um zu verdeutlichen, daß sie verkündeten, daß die Erde sich um die Sonne dreht. Für die »Énarques« dagegen dreht sich die Sonne um die Erde. In den Augen der »Énarques« ist Frankreich das Zentrum des Weltalls, um das sich der gesamte Rest dreht. »L'exception culturelle Française« ist die Unfähigkeit, etwas von Volkswirtschaft zu verstehen, schrieben die dissidenten Volkswirte und verwiesen dabei schmähend auf die französische Neigung, die eigene Kultur vor subversiven Einflüssen von außen zu schützen. Diese Philosophie illustriert wahrscheinlich am besten die Haltung von Jean-Claude Trichet, dem Vorstandsvorsitzenden der Banque de France. Im November 1995 weigerte er sich gegenüber der Finanzzeitschrift *Euromoney,* auch nur über die Möglichkeit, daß Frankreich die 3-Prozent-Norm nicht schaffen könnte, nachzudenken.

Nur ein französischer Bürokrat konnte sich den idiotischen Tauschhandel ausdenken, der 1989 zwischen Bundeskanzler Kohl und Präsident Mitterrand beschlossen wurde. Die Deutschen für die Wiedervereinigung ihre D-Mark aufgeben zu lassen und im Anschluß daran ganz Europa innerhalb kürzester Zeit eine Einheitswährung aufzudrängen, das war eine Veranschaulichung der typisch französischen Art, die Gesetzmäßigkeiten der Volkswirtschaft zu mißachten. Die Tatsache, daß Europa noch nicht reif war für eine Einheitswährung, wurde dem französischen »Masterplan« für ein vereintes Europa untergeordnet. Die Gesetzmäßigkeiten der Volkswirtschaftslehre mußten den politischen Interessen einer kleinen Anzahl von Spielern weichen. Jetzt drohen dieselben Gesetzmäßigkeiten jedoch den Zündstoff zu liefern, mit dem das vereinigte Europa gesprengt werden wird.

Der Vertrag von Maastricht war für die Franzosen nicht mehr als ein politisches Dokument, das mit der nötigen politischen Manövrierkunst noch auf vielerlei Art und Weise geändert werden konnte. Für die Deutschen war es ein ökonomisches Glaubensbekenntnis, das die exakten wirtschaftlichen und politischen Bedingungen diktierte, unter denen Deutschland bereit ist, die D-Mark zu opfern. Anno 1997 sind die Deutschen hochempört, daß Frankreich den Vertrag nicht erfüllen will. Die Franzosen werfen ihrerseits den Deutschen vor, unbeugsam und inflexibel zu sein.

Der Vertrag von Maastricht trägt den Keim des eigenen Untergangs in sich. Es ist ein französisches politisches Projekt, aber die im Dokument genannten wirtschaftlichen Bedingungen dienen allein dazu zu verhindern, daß die Deutsche Bundesbank die Rechnung für das rücksichtslose europäische Abenteuer zu zahlen hat. Die rigorosen Bedingungen werden sich jetzt gegen den europäischen Einigungsprozeß richten. Trichet darf so viel und so laut träumen, wie er möchte, seine Träume werden keine Wirklichkeit werden. Seit Mitte des Jahres 1996 ist es mehr als klar, daß Frankreich die Normen für Maastricht nicht erfüllen wird, und sogar für Deutschland wird es ein großes Unterfangen werden. Die Opfer, die für Maastricht gebracht werden müssen, sind absurd, und dies wird sich politisch rächen. Im Dezember 1995 ist es ihnen vielleicht nicht gelungen, aber die Franzosen haben noch jede Menge Zeit, um auf die Straßen zu gehen.

Es ist ganz sicher, daß die Normen von Maastricht für eine ganze Reihe von EU-Mitgliedstaaten nicht erfüllbar sind. Und darin liegt gleichzeitig die enorme Bedrohung für die EWU. Nicht jeder kann bei diesem Spiel mitspielen, soviel ist jetzt klar, und das wird auch zum Ende des europäischen Traums führen. Die Zukunft Europas liegt in einer wirtschaftlichen Einigung unter Einfluß des vereinigten Marktes. Dieser Markt muß gleichzeitig vertieft und nach Osten und Süden hin erweitert werden. Anstatt den europäischen Markt zu erweitern, stehen die Politiker auf dem Standpunkt, den Markt in zwei Teile zu spalten. Das Europa von Maastricht ist ein Europa mit zwei Geschwindigkeiten, ein Europa der »Ins« und »Outs«. Die Schiedslinie zwischen den Glücklichen und den Unglücklichen – festgelegt in den knallharten Normen von Maastricht – droht Europa in zwei Teile zerfallen zu lassen.

Nur die *trading rooms* der Währungsspekulanten und die Straßen von Paris können noch Rettung bringen. Was immer die »Énarques« auch behaupten mögen, die Gesetzmäßigkeiten der Volkswirtschaftslehre holen die politischen Prioritäten immer ein. Entweder wird die EWU durch die Gesetze des Arbeitsmarktes gesprengt und werden wütende französische und belgische Arbeiter das Ungeheuer von Maastricht erlegen, oder die Milliarden D-Mark und Francs, die auf dem Währungsmarkt zirkulieren, werden die EWU bei ihrem letzten Versuch, die Flexibilität des europäischen Wechselkursmechanismus zu retten, wegspülen. Die einzige Alternative bietet das Katastrophenszenario, bei dem die zehrenden Strukturunterschiede zwischen »Ins« und »Outs« den gesamten internen Markt sprengen. Wohl oder übel, der Markt gewinnt immer.

2. Von Rom bis Maastricht

»Am Ende dieses Jahrhunderts wird
die Europäische Union über eine starke
und stabile Einheitswährung verfügen.
Dies ist der Wunsch der Völker Europas
und ihrer politischen Führer.
Er ist mit der Unterzeichnung und
der Ratifizierung des Vertrags über die
Europäische Union festgelegt.«
*Weißbuch der Europäischen Kommission,
Mai 1995*

»Maastricht war ein Vertrag, der in die völlig falsche Richtung ging. Es war ein Vertrag, der uns von einer wirtschaftlichen Union mit einem gemeinsamen Markt in eine echte europäische Union mit Bürgerschaft dieser Union veränderte. Das Mittel dazu war die Schaffung einer einheitlichen europäischen Währung und einer einheitlichen Währungs- und Wirtschaftspolitik sowie die Verwirklichung einer gemeinsamen Außen- und Verteidigungspolitik. Und dies alles unter der Aufsicht einer Horde Bürokraten in Brüssel«, verkündete die ehemalige britische Premierministerin Margaret Thatcher in einem Interview der Zeitschrift *Forbes* im Oktober 1992.

Die Briten im allgemeinen – und Frau Thatcher im besonderen – haben es nicht so mit dem europäischen Einigungsprozeß. Sie waren fast zwei Jahre Mitglied im EWS. Zwei Jahre, die eine reine wirtschaftliche Hölle waren. Das Abenteuer kostete sie ein kleines Vermögen, und als im September 1992 alles daneben ging, hat die Buba sie wie ein Stein fallen lassen. Jetzt, wo sie von der europäischen wirtschaftlichen Zwangsjacke befreit sind, genießen die Briten einen willkommenen Wirtschaftsfrühling. Während der Rest Europas sich durch eine deflationäre Rezession kämpft, läuft die britische Wirtschaft wie nie zuvor. Die Briten denken denn auch überhaupt nicht an eine Rückkehr in die Brüsseler Tyrannei. Das britische Regenbogenblatt *The Sun* gab die britischen Gefühle am 9. Mai 1996, am Europa-Tag, in einem etwas taktlosen, aber unmißverständlichen Editorial klar und deutlich wieder: »Unsere heutige Botschaft an die Adresse Europas ist einfach. Ihr wißt, wo Ihr Euch Eure europäische Fahne hinstecken könnt. Und das gleiche gilt für die Fahnenstange.«

Für die Briten ist die ganze europäische Einigung nicht mehr als ein großes Elend. Großbritannien hat ein vereintes Europa nie gemocht und auch nie daran geglaubt. Die Briten sind dem Wechselkursmechanismus nur beigetreten, um größeres Unheil zu verhindern. Die britische Wirtschaft ist im Vergleich zu den Wirtschaftssystemen des europäischen Festlandes viel mehr auf die Vereinigten Staaten ausgerichtet. Das heißt jedoch nicht, daß das Vereinigte Königreich es sich erlauben konnte, vom europäischen Markt ausgeschlossen zu werden. Mit der Vollendung dieses Marktes war die Sache für die Briten erledigt. Eine stärkere wirtschaftliche oder politische Zusammenarbeit war nicht nur unnötig, sondern schlichtweg unerwünscht. Der große Verfechter dieser Politik des geringsten Übels war Frau Thatcher selbst. Als sie dem Anschluß des britischen Pfundes an das EWS schließlich zustimmte, war ihre Position jedoch schon stark untergraben. Die Briten glauben an den europäischen Binnenmarkt, weil sie Verfechter des Freihandels sind. Bei einer monetären oder politischen Einigung haben sie jedoch nichts zu gewinnen. Ersteres liefert sie der wirtschaftlichen Macht der Deutschen aus, während das zweite ihnen das französische Staatsmodell aufschwätzt. Isolationismus? Man nenne es lieber eine Kombination von kühler, britischer Berechnung und gesundem Menschenverstand.

Die Geschichte der europäischen Einigung ist im Grunde genommen die Geschichte von Deutschland und Frankreich, mit dem Vereinigten Königreich in der Rolle des ewigen Antagonisten und einer Reihe von kleinen Nebenrollen für die übrigen EU-Mitgliedstaaten. Wie wir schon zuvor betonten, ist die europäische Einigung für Deutschland in erster Linie ein politischer Prozeß, der das Land in die Lage versetzen soll, seine wirtschaftliche Schlagkraft in politischen Einfluß umzuwandeln. Wirtschaftliche Schlagkraft hat Deutschland mehr als genug, an politischem Einfluß wird es dem Land immer fehlen. Es ist kein Zufall, daß die Deutschen immer die wichtigsten Befürworter einer stärkeren politischen Zusammenarbeit in Europa gewesen sind. Das Ziel der europäischen Einigung ist für die Deutschen ein föderales Europa (nach dem Vorbild der Deutschen Bundesrepublik) mit einer Währung, einer Regierung und einer Außenpolitik.

Die nationalistischen Franzosen halten natürlich nichts von dieser Idee. Sie spielen das Spiel nur mit, um ihr eigenes Ziel zu erreichen: die Umwandlung von Frankreichs diplomatischem und politischem Übergewicht in größere wirtschaftliche Schlagkraft. Für die Franzosen ist das Ziel der europäischen Einigung ein großes, korporativistisches Europa, das die ineffizienten französischen Unternehmen vor der schumpeterianischen »creative destruction« des angelsächsischen Kapitalismus schützen soll. Dies ist nach Meinung der Franzosen möglich, indem sie die deutsche Wirtschaftsmaschine besser in den Griff bekommen. Das Frankreich und Deutschland der Nachkriegszeit sind gleichzeitig natürliche Bündnispartner und natürliche Rivalen. Die Franzosen haben Atomsprengköpfe, spielen aber wirtschaftlich keine Rolle. Die Deutschen haben die D-Mark, spielen aber dafür diplomatisch keine Rolle. Das

Verhältnis zwischen beiden ist der ewige Zankapfel der europäischen Einigung.

Und der Rest Europas? Der spielt in der ganzen Geschichte nur eine unbedeutende kleine Nebenrolle. Die kleineren Länder, wie die Niederlande, Belgien und Italien, sind nur der Klebstoff, der Frankreich und Deutschland aneinander kleben soll. Es sind wirtschaftliche Kolonialgebiete mit einer rein zeremoniellen Funktion. Solange sie sich den Befehlen aus Bonn und Paris fügen, dürfen sie mitspielen. Wenn sie vorlaut werden oder wenn es zuviel kostet, sie mitzuschleifen, dann werden sie in der wirtschaftlichen Wüste eines Europas mit zwei Geschwindigkeiten zurückgelassen.

Auch die Amerikaner spielen übrigens eine Rolle in dieser Geschichte. Für sie war die europäische Einigung von Anfang an eine willkommene Verstärkung des westeuropäischen Blocks gegen den Kommunismus. Im Gegensatz zu dem, was in der Presse oft behauptet wird, sind die Amerikaner überhaupt keine Gegner der europäischen Einigung. Im Gegenteil. Durch die Art und Weise, in der sie nach dem Zweiten Weltkrieg die Marshall-Hilfe geleistet haben, haben sie einen wichtigen Beitrag zu dem Einigungsprozeß geliefert. Bis zum heutigen Tag betont das mächtige amerikanische State Department (das Auswärtige Amt), daß es ein leidenschaftlicher Befürworter der europäischen Integration ist. Und dies, obwohl andere Ministerien, wie zum Beispiel das Finanzministerium, bezüglich der europäischen Pläne für eine einheitliche Währung so ihre Zweifel haben.

Es waren auch die Amerikaner, die – in typisch kapitalistischer Tradition – das Rezept für die europäische Einigung lieferten. Der Marshallplan illustrierte die amerikanische Doktrin, daß wirtschaftliche Zusammenarbeit die Basis für politische Zusammenarbeit ist. Diese Idee tritt ganz klar in Erscheinung in dem ersten Vorläufer der EU, die im Jahre 1952 errichtete Europäische Gemeinschaft für Kohle und Stahl oder EGKS. Die sechs Mitgliedstaaten der EGKS – Belgien, Frankreich, Italien, Luxemburg, die Niederlande und die Bundesrepublik – einigten sich 1957 im Vertrag von Rom auf die Gründung der Europäischen Wirtschaftsgemeinschaft. Die Idee hinter der EWG war – ebenso wie die hinter der EGKS – in erster Linie politischer Natur (es war kein Zufall, daß die Kohle- und Stahlindustrie die wichtigsten Zulieferer der Waffenindustrie waren). Die politischen Zielsetzungen der EWG sollten jedoch auf wirtschaftlichem Wege verwirklicht werden. Die europäische Zusammenarbeit sollte auf einem gemeinsamen Markt beruhen, in dem nach und nach alle Hindernisse für den freien Verkehr von Waren, Dienstleistungen, Kapital und Personen verschwinden sollten. Die Urheber des Vertrags hielten es – zu Recht – für überflüssig, ein Programm für eine gemeinsame Wirtschafts- oder Währungspolitik zu konzipieren. Dennoch wurde ein Währungskomitee gegründet, um eine gewisse Koordinierung der Wechselkurspolitik zu gewährleisten.

Die EWG stand in ihren Anfangsjahren auf wackligen Beinen. Die politische Zusammenarbeit lief nicht immer wie am Schnürchen, und den jungen Plänen für eine Währungsunion war auch kein großer Erfolg vergönnt. 1968 machte die Gemeinschaft dennoch einen großen Schritt vorwärts: In diesem Jahr verschwanden die Zollschranken zwischen den EG-Ländern. Das war ein großer Schritt nach vorn, aber er reichte nicht aus, um den Binnenmarkt, von dem ganz Europa träumte, tatsächlich zu vollenden. Es blieben viele nicht-tarifliche Schranken übrig, die es den verschiedenen EG-Ländern mittels diverser technischer Bedingungen ermöglichten, ihre Märkte abzuschirmen.

Schließlich bedurfte es einer wirtschaftlich kalten Dusche, um die Schranken niederzureißen und Europa wachzurütteln. Die Dusche erwischte Europa im Laufe der achtziger Jahre mit der steigenden Konkurrenz der sogenannten *emerging markets*. Plötzlich wurden sich die Europäer bewußt, daß ihre Märkte von der Konkurrenz aus Japan und dem Fernen Osten bedroht wurden. Von der eigenen Wirtschaft wurde behauptet, sie leide an Eurosklerose und die Europäer seien träge und faul geworden. Was nötig war, um dem abzuhelfen, wurde im Weißbuch über die Vollendung des Binnenmarktes, dem im Juni 1985 in Mailand zugestimmt wurde, festgelegt. Die treibende Kraft hinter dem Projekt war der neue Präsident der Europäischen Kommission, der Franzose Jacques Delors. Er wurde der Mann, der mit der Aktivierung des Binnenmarktes und dem Slogan »Projekt 1992« identifiziert werden würde. Unter seiner begeisternden Führung vollendete die Kommission Ende 1992 endlich den im Vertrag von Rom definierten Europäischen Binnenmarkt.

Analytiker streiten noch immer darüber, was den französischen Sozialisten wirklich dazu getrieben hat. Sah er die Vollendung des Binnenmarktes als einen ersten Schritt auf dem Weg zu einer monetären und politischen Union? War er ein leidenschaftlicher Befürworter des freien Marktes, der an die positiven wirtschaftlichen Folgen einer geringeren Regulierung und echter europäischer Konkurrenz glaubte? Oder sah er die Verwirklichung des Europäischen Binnenmarktes eher als einen defensiven Schachzug, wodurch sich die großen europäischen (französischen) Konzerne verbünden konnten, um gemeinsam den Wettbewerb mit dem Rest der Welt aufzunehmen? Daß eher die letztere Interpretation die richtige ist, läßt sich aus Delors Aussagen herleiten. Übrigens lassen auch die Macht und die Größe der EU-Bürokratie Zweifel an

Delors als Befürworter des freien Marktes entstehen. Berüchtigt ist in diesem Zusammenhang das hinlänglich bekannte Beispiel des Änderungsantrags zur Europäischen Richtlinie 84/538 über den maximalen Lärmpegel für Rasenmäher mit Verbrennungsmotoren. Der Änderungsantrag gilt für Gegner der Kommission als Paradebeispiel für die europäische Neigung, sich in alles einzumischen. Er illustriert außerdem, wie Länder ihre Märkte abschirmen können, indem sie nutzlose Regelungen ersinnen.

Die Europäische Kommission mag zwar ihre Fehler haben, aber die Vorteile des europäischen Binnenmarktes sind überdeutlich (siehe auch den Cecchini-Bericht). Das hat wahrscheinlich mehr mit den Grundsätzen des Binnenmarktes zu tun als mit den exakten Richtlinien und Verordnungen der Europäischen Kommission. Die wirtschaftlichen Vorteile des Prinzips des Freihandels können nur schwer eingeschätzt werden – obwohl es derzeit politisch »Mode« zu sein scheint, für Protektionismus zu plädieren. Die Idee hinter dem Freihandel ist jedoch sonnenklar: Wenn ein jeder das tut, was er am besten kann, dann steigt die gesamte wirtschaftliche Produktion. Gegner des Konzeptes – wie der französische Adelige und Unternehmer Sir James Goldsmith – können sich nur auf xenophobe, nationalistische Elemente berufen – wie das Argument, daß Freihandel zu einer stärkeren Immigration führe –, um diesen Grundsatz anzugreifen. Ein moralisch zweifelhaftes Argument, das im Grunde genommen besagt, daß die reichen westlichen Länder die restliche Welt einfach ihrem Schicksal überlassen sollten. Goldsmith, der in einem vorigen Leben mit geliehenem Geld Unternehmen kaufte und sie in Teile zerhackte, befindet sich außerdem nicht in der idealen Position, um den freien Markt – ein System, dessen Auswuchs er vielen zufolge selber ist – zu attackieren.

Das EWS, ein krankes System, das einigermaßen funktioniert

Die Erkrankung des europäischen Einigungsgedankens begann in den siebziger Jahren, als der politische Mythos, daß der Binnenmarkt auch eine Einheitswährung benötige, immer mehr an Boden gewann. In den Augen der Eurokraten gibt es eine – unserer Meinung nach fiktive – umgekehrte Beziehung zwischen dem Binnenmarkt und der EWU. Die Verwirklichung der EWU ist sozusagen notwendig, damit die Vorteile des Binnenmarktes völlig zu ihrem Recht kommen. Die offizielle Erklärung lautet ja, daß der Binnenmarkt zuviel unter den Kosten der Wechseloperationen und der Unsicherheit der schwankenden Wechselkurse leidet. Daß diese Aussage unsinnig ist, darauf sind wir schon oben eingegangen, und wir werden noch ausführlich darauf zurückkommen.

Wie wir auch noch sehen werden, braucht ein echter Freihandel flexible Wechselkurse, um fortbestehen zu können. Änderungen dieser Wechselkurse stellen für den Freihandel keine Bedrohung, sondern einen Schutz des Mechanismus dar. Das Beispiel des nordamerikanischen Freihandelsvertrages NAFTA zwischen den Vereinigten Staaten, Mexiko und Kanada sollte hier genügen. Der NAFTA-Vertrag sieht keine Entwicklung vor, hin zu einer stärkeren monetären Zusammenarbeit zwischen den drei teilnehmenden Ländern. Im Gegenteil, die durch den NAFTA-Vertrag verursachte Zunahme der Abhängigkeit von der mexikanischen Wirtschaft in bestimmten Teilen der Vereinigten Staaten hat die Diskussion über die Frage, ob die Vereinigten Staaten den Dollar nicht in verschiedene Währungszonen aufteilen sollten, aufleben lassen. Der amerikanische Gedanke steht in einem Gegensatz zum europäischen. Eine Folge der NAFTA war jedoch, daß die amerikanische Zentralbank – die Federal Reserve Bank – Anfang 1995 in massiver Weise Geld zur Verfügung stellte, um Mexiko vor dem finanziellen Untergang zu retten. Ironischerweise ist dies nun wieder etwas, was der Vertrag von Maastricht innerhalb Europas ausdrücklich ausschließt.

Die Idee einer europäischen Einheitswährung tauchte bereits im Jahre 1965 zum ersten Mal auf. Damals formulierte die Europäische Kommission erstmalig die Zielsetzung der Wechselkursstabilität. Der damalige luxemburgische Premierminister Pierre Werner wurde beim EG-Gipfel in Den Haag im Dezember 1969 beauftragt, die Möglichkeit einer Europäischen Währungsunion zu prüfen. Der Bericht Werners, der 1970 fertiggestellt wurde, schlug – ebenso wie der spätere Delors-Bericht – eine EWU in drei Phasen vor. Die Union sollte dank einer Reihe von Maßnahmen, wie zum Beispiel einer stärkeren wirtschaftlichen Koordination und steuerlicher Harmonisierung (!), vor 1980 verwirklicht werden. Alles in allem war der Bericht Werners jedoch nur ein unbedeutendes Dokument. Es geriet denn auch in Vergessenheit, als das System von Bretton Woods im Jahre 1971 zusammenbrach, was über lange Zeit hinweg zu großen Wechselkursschwankungen führte.

Die europäische monetäre Einigung kam erst mit dem Erscheinen von Helmut Schmidt und Valéry Giscard d'Estaing auf der europäischen Bühne richtig voran. Beide waren 1971 Finanzminister (in der Bundesrepublik Deutschland bzw. in Frankreich), und zusammen legten sie die Grundlage für das Europäische Währungssystem. Der Vorläufer des EWS, die Währungsschlange, erblickte im April 1972 das Licht der Welt. Das System versuchte, die Schwankungen der teilnehmenden Währungen auf enge Margen von plusminus 0,75 Prozent zu beschränken.

Außer allen EWG-Ländern nahmen auch das Vereinigte Königreich, Irland, Dänemark und Norwegen teil. Die Ölkrise des Jahres 1973 und der immer weiter an Wert verlierende Dollar bereiteten Europas erstem Wechselkursmechanismus schnell ein Ende. Das Vereinigte Königreich stieg aus, noch bevor der Mechanismus richtig funktionierte, und später sprang auch Frankreich ab. Was 1977 von der Währungsschlange übrigblieb, war ein D-Mark-Block mit der Bundesrepublik Deutschland, den Benelux-Ländern und Dänemark.

Es war deutlich, daß Europa noch nicht reif war für eine enge monetäre Zusammenarbeit, aber Giscard und Schmidt gaben den Mut nicht auf. Das Problem der Währungsschlange war, daß jedes Land einfach seine eigene Wirtschafts- und Währungspolitik gemacht hatte, wodurch wiederholte Neuordnungen unvermeidlich waren. Wenn Europa wirklich stabile Wechselkurse wollte, dann müßte ein in stärkerem Maße institutionalisierter Wechselkursmechanismus her. Im Jahre 1978 – Giscard war inzwischen französischer Präsident und Schmidt deutscher Bundeskanzler – machten beide Herren einen zweiten Versuch, um sich einen Platz in den Geschichtsbüchern zu sichern.

Das EWS startete im Jahre 1979. Seine Mitglieder waren die Länder, die an der Währungsschlange teilnahmen, ebenso wie Frankreich, Irland und Italien. Obwohl der Entwurf für das EWS vom britischen EG-Vorsitzenden Roy Jenkins ausgearbeitet wurde, war von Anfang an klar, daß das Vereinigte Königreich dem System nicht beitreten würde. Im Gegensatz zur Währungsschlange war das EWS mehr als nur eine rein monetäre Absprache. Es war ein institutionalisiertes System, das auf eine Stabilisierung der Wechselkurse in Europa ausgerichtet war. Das zeigte unter anderem auch die Einführung des European Currency

Unit ECU (nicht zufällig auch der Name einer alten französischen Münze). Der ECU ist eine Korbwährung, die sich aus einem gewichteten Mittelwert der Währungen aller EG-Länder zusammensetzt. In erster Linie hatte der ECU einen symbolischen Wert. Er war eine Einheitswährung, die es nicht wirklich gab und die es unter anderem für die Deutschen auch nie zu geben brauchte. Für die Franzosen war der ECU jedoch ein erster Schritt auf dem Weg zur Abschaffung der wirtschaftlichen Hegemonie Deutschlands in Europa. Der ECU sollte für die Franzosen zum Anker des EWS werden – eine Idee, von der die Deutschen nichts hielten. Die Ehe war noch nicht vollzogen, und schon stritten sich Braut und Bräutigam.

Schließlich brachten die Belgier einen – typisch belgischen – Kompromiß vor. Der ECU wurde zum Anker des EWS, aber nur als Name. Jede Währung erhielt deshalb einen Durchschnittskurs zum ECU. Die Schwankungsmargen der einzelnen Währungen wurden jedoch bilateral auf plusminus 2,25 Prozent festgelegt, mit einer Ausnahme von 6 Prozent für die italienische Lira. Wenn diese Grenze erreicht wurde, waren die Zentralbanken beider Länder zur Intervention auf den Wechselkursmärkten verpflichtet. Eine Änderung der Paritäten war nur mit Zustimmung aller teilnehmenden Mitgliedstaaten und der Kommission möglich.

Das EWS stellte einen wichtigen politischen und wirtschaftlichen Umbruch in Europa dar. Die Verpflichtungen des Wechselkursmechanismus implizierten ja, daß die teilnehmenden Länder Europa einen wichtigen Teil ihrer Währungsautonomie abtreten mußten. Vor allem die Deutsche Bundesbank machte sich anfangs einige Sorgen über die Auswirkungen des EWS auf ihre Macht, völlig autonom über die Position der D-Mark zu wachen. Nach dem Zustandekommen des belgischen Kompromisses über die

Rolle des ECU gab die Bundesbank ihren Widerstand jedoch größtenteils auf. Zu Recht, wie sich schon bald herausstellte. Während der achtziger Jahre entpuppte sich das EWS immer mehr als ein virtueller D-Mark-Block, mit der Bundesbank in der Position einer de facto europäischen Zentralbank.

Die Franzosen hatten sich böse geirrt, als sie den ECU als symbolischen Anker des EWS akzeptierten. In Wirklichkeit stellte sich heraus, daß das EWS ein Wechselkurssystem war, das auf der stärksten Währung im System beruhte. Die Buba wußte, daß sie das wirtschaftliche Ringelstechen mit den Franzosen problemlos gewinnen konnte, und die D-Mark wurde schon schnell zum de facto Anker des Systems. Dies bedeutete, daß den übrigen Teilnehmern keine andere Wahl blieb, als sich nach der Währungspolitik zu richten, die die Buba ihnen aufdrängte. Die Position der Buba wurde noch verstärkt durch die asymmetrischen Eigenschaften des EWS. Diese besagen, daß Länder mit einer schwachen Währung die Kosten einer Währungskursstütze tragen müssen. Nach Meinung der Buba war dies notwendig, um die Disziplin im System zu erhalten.

Das EWS war ein krankes System, weil es keinen echten Anker hatte, aber es funktionierte vortrefflich. Es lieferte Europa der Willkür der Buba aus, was aber am Anfang nur Gutes brachte. Da die D-Mark praktisch der Anker des Wechselkurssystems war, waren die übrigen europäischen Länder verpflichtet, der Anti-Inflationspolitik der Buba zu folgen. Dies führte regelmäßig zu Spannungen – wie Anfang der achtziger Jahre, während des französischen sozialistischen Experiments –, aber es half Westeuropa alles in allem, die verhängnisvollen wirtschaftlichen Folgen der überexpansiven Haushaltspolitik einzudämmen. Die D-Mark war nicht nur der Anker des EWS, die Buba war auch der Lehrer Europas für das Fach Volkswirtschaftslehre. Den europäischen Schülern wurde gesagt, daß das Aufdrehen des Geldhahns nicht die Lösung für alle Wirtschaftsprobleme sei. Preisstabilität wurde überall in Europa zum höchsten Ziel der Währungspolitik erklärt, und zum ersten Mal seit langer Zeit sanken die Inflationsraten.

Das Wechselkurssystem hatte außerdem einen riesengroßen Vorteil: Es war gleichzeitig sowohl ein starres als auch ein flexibles System. Es war starr genug, um den teilnehmenden Ländern die nötige währungs- und steuerpolitische Verantwortung aufzudrängen – schließlich gefiel es niemandem, im restlichen Europa um eine Abwertung betteln zu müssen –, aber gleichzeitig ausreichend flexibel, um das Entstehen enormer wirtschaftlicher Diskrepanzen zu verhindern. Das EWS – eine Leistung von Valéry Giscard d'Estaing und Helmut Schmidt – war vielleicht chronisch krank, aber seine Flexibilität war eine Garantie für seine Überlebenschancen. Als François Mitterrand und Helmut Kohl übereinkamen, diese Flexibilität mit der Wurzel auszurotten, wurde das System zum Sterben verurteilt.

Maastricht läutet die Totenglocke für das EWS

Die Flexibilität des EWS sorgte anfänglich für die nötige Unruhe auf den Wechselmärkten. Zwischen 1979 und 1985 wurden die Paritäten ständig angepaßt. Trotzdem waren die Wechselkursschwankungen in dieser Zeit nur halb so groß wie in den Jahren 1975 bis 1979. Die meisten Paritätskorrekturen in den jungen Jahren des EWS waren im Grunde Abwertungen des französischen Francs – obwohl sie oft als Revaluierungen der D-Mark getarnt wurden. Mit der Zeit wurde das EWS jedoch immer stabiler. Zwischen 1979 und 1983 fanden sieben Neuordnungen statt. In den darauffolgenden sechs Jahren, zwischen 1983 und 1989, waren es nur noch vier. Die Stabilität des EWS wurde im Jahre 1987 noch durch die Regeln von Bazel-Nyborg gefördert. Die Regeln sollten das Spekulieren gegen die europäischen Währungen unattraktiver machen.

Die Zentralbanken beschlossen deshalb, früher Stützkäufe zu tätigen, wenn eine Währung unter Druck geriet, und nicht zu warten, bis die Währung ihren Basiskurs erreichte. Außerdem würden sie schneller die Zinswaffe einsetzen, wenn ihre jeweilige Währung unter Druck geraten sollte. Indem sie die Zinsen anheben, erhöhen sie die Attraktivität der anvisierten Währung für Anleger, wodurch Spekulanten, die auf eine weitere Kurssenkung spekulieren, weniger Chancen bekommen. Das EWS schien in den darauffolgenden Jahren ein Musterbeispiel an Stabilität. Die spanische Peseta trat dem System im Juni 1989 bei (mit Schwankungsmargen von 6 Prozent), und ein halbes Jahr später stieg Italien auf engere Schwankungsmargen von 2,25 Prozent um. Im Oktober 1990 machte schließlich auch das britische Pfund den Schritt auf Europa zu. Da war das EWS jedoch schon dem Tode geweiht.

Das große politische Problem des EWS war, daß Frankreich nicht zum Zuge kam. Auch wenn die französischen Eurokraten in der Kommission dominierten, war es Frankreich nicht gelungen, die deutsche Wirtschaftsmaschine besser in den Griff zu bekommen. Im Gegenteil. Dank der eigensinnigen Politik der Buba befand sich Deutschland in einer erhabenen Position. Die positiven wirtschaftlichen Auswirkungen, die dies auf den Rest Europas hatte, waren den Franzosen nicht vergönnt. Denn Frankreich ging es bei der europäischen monetären Einigung um Politik und nicht um eine Senkung der europäischen Inflation oder andere heilsame ökonomische Rezepte. Die wiederholten Abwertungen des französischen Francs in den achtziger Jahren wurden in Paris außerdem als ein ungewünschter Gesichtsverlust interpretiert. Frankreich hatte gehofft, daß ein stärkerer Einfluß auf die Deutsche Bundesbank eine implizite Folge des EWS sei. Praktisch war es jedoch die Buba, die den Franzosen die Vorschriften diktierte. Frankreich lauerte denn auch weiterhin auf eine Gelegenheit, seinen Einfluß auszudehnen. Das französische Ziel war klar: Die D-Mark sollte durch eine echte europäische Einheitswährung ersetzt werden. Nur so könnte die Macht der Buba gebrochen werden. Und um dies zu verwirklichen, mußte die Idee einer echten europäischen Einheitswährung reanimiert werden.

Der Vorsitzende der EU-Kommission, Jacques Delors, unternahm einen ersten Versuch in diese Richtung, als er in seinem Weißbuch über den europäischen Binnenmarkt im Jahre 1985 nachdrücklich betonte, daß eine Währungsunion für das Gelingen des Binnenmarktes notwendig sei. Delors konnte jedoch behaupten, was er wollte. Die Buba war der Meinung, daß eine solche Einheitswährung erst dann geschaffen werden könnte, wenn die wirtschaftlichen Vorteile des Binnenmarktes in ausreichendem Maße verwirklicht seien. Wie oben bereits erwähnt, kannte die Buba ihre Wirtschaft besser als die französischen »Énarques«. Konvergenz kam vor Einheitswährung, wußte die Buba. Und nichts würde sie vom Gegenteil überzeugen.

Als Ende der achtziger Jahre der Ostblock in Bewegung kam, schlug das politische Pendel völlig unerwartet in eine andere Richtung aus, zum Vorteile der Franzosen. Im September 1987 teilte der deutsche Außenminister Hans-Dietrich Genscher seinen europäischen Partnern im engsten Vertrauen mit, daß sich auf der anderen Seite des Eisernen Vorhangs etwas zusammenbraute. Frankreich hatte die Schwachstelle seines deutschen Partners entdeckt und beutete diese Schwäche in den darauffolgenden Jahren ungeniert aus – mit verhängnisvollen Folgen für den Rest Europas. Im Oktober 1987 schlug Frankreich vor, die Pläne für eine europäische Zentralbank wieder aus der untersten Schublade hervorzuholen. Die Deutschen reagierten anfänglich negativ, gaben jedoch nach. Sie hatten keine andere Wahl. Wenn sie die historische Chance für eine Wiedervereinigung Deutschlands ergreifen wollten, dann mußten sie die D-Mark opfern.

Beim darauffolgenden europäischen Gipfel in Hannover, im Juli 1988, wurde eine Arbeitsgruppe unter der Leitung von Delors mit dem Erstellen eines Berichts über die EWU beauftragt. Der Bericht Delors schlug eine Verwirklichung der EWU in drei Phasen vor. Dieses Szenario wurde in den Vertrag von Maastricht aufgenommen. Inzwischen kam die deutsche Wiedervereinigung jedoch mit raschen Schritten näher. Der Ostblock war dabei, in sich zusammenzufallen, und am 9. November 1989 fiel die Mauer. Deutschland mußte sehr rasch in eine größere europäische politische Union eingepaßt werden. Kohl und Mitterrand schlugen Anfang 1990 vor, zusammen mit der EWU auch eine Europäische Politische Union zu verwirklichen. Beide Projekte sollten auf dem europäischen Gipfel in Maastricht im Dezember 1991 endgültig geregelt werden. Politische Integration war für die Deutschen eine selbstverständliche Folge einer Währungsunion. Die Franzosen nickten zustimmend, hatten dabei jedoch so ihre eigenen Gedanken.

Die Buba hielt natürlich nichts von den europäischen Plänen für eine echte Währungsunion. »Daß Genscher – ebenso wie Kohl – null Ahnung von Währungspolitik hat, ist schlimm. Aber daß er soviel darüber redet, ist noch viel schlimmer«, soll der damalige Vorstandsvorsitzende der Bundesbank, Karl-Otto Pöhl, einmal gesagt haben. Im Vorfeld von Maastricht hielt sich die Buba jedoch auffallend zurück. Aus dem einen oder anderen Grund hatte die Buba wenig Vertrauen in das Gelingen des Projekts – vielleicht war die Bank sich schon damals der Tatsache bewußt, daß sie noch jede Menge Zeit hatte, um der EWU vorzubeugen. Anstatt sich quer zu stellen und damit die politische Wut Europas auf sich zu ziehen, wählte der Präsident der Bundesbank eine viel ausgeklügeltere Strategie. Wenn er Delors von Anfang an auf die Nerven gehen würde, könnte er unmöglich den Stempel der Buba auf den Maastrichter Vertrag drücken. Wenn er sich jedoch zumindest interessiert zeigte, dann könnte er wenigstens die Vertragsbedingungen bestimmen.

Delors biß an und ernannte eine Kommission von Zentralbankern, um die Bedingungen für den Vertrag von Maastricht zu formulieren. Pöhl errang seinen Sieg. Die Bedingungen, die er stellte, sollten dafür sorgen, daß die EWU eine Union nach deutschem Modell werden würde. Die Buba forderte, daß alle europäischen Banken im Vorfeld der EWU unabhängig werden sollten. Es wurde festgelegt, daß die neuen Zentralbanken notleidenden EU-Mitgliedstaaten nicht helfen würden, und es wurden strenge Konvergenzregeln für den Beitritt zur EWU aufgestellt. Die Normen waren so streng ausgelegt, daß eine große Europäische Währungsunion von vornherein unmöglich war. Wenn die EWU kommen würde, dann wäre es eine Union mit zwei Geschwindigkeiten und der Buba als Anker.

Als die elf Regierungschefs und der französische Präsident den Vertrag am 9. Dezember 1991 in Maastricht im Gebäude der Provinzverwaltung der niederländischen Provinz Limburg billigten, unterzeichneten sie das Todesurteil für Europa. Die Europäische Währungsunion war ein rein politischer Kuhhandel geworden. Die Gesetzmäßigkeiten der Volkswirtschaftslehre mußten den Ambitionen europäischer Politiker weichen. Europa sollte noch vor dem Ende dieses Jahrhunderts unter einer Währung – und wenn es irgendwie ginge, auch unter einer zentralen Regierung – vereinigt werden. Daß es fast niemand für notwendig erachtete, die europäischen Bürger nach ihrer Meinung zu diesen ambitionierten Plänen zu fragen, sagt genug über den Respekt der europäischen Politiker vor den Prinzipien der Demokratie. Die Zukunft sollte jedoch lehren, daß die Gesetzmäßigkeiten der Volkswirtschaftslehre nicht genauso einfach manipuliert werden konnten wie die öffentliche Meinung. Europa war noch lange nicht bereit für eine echte Währungsunion – ungeachtet der politischen Vorteile, die mit einer solchen Union verbunden wären. Die einzigen zwei Spieler, die sich dessen im Jahre 1991 bewußt waren, waren die Deutsche Bundesbank und die Währungsspekulanten. Beide erkannten bereits von weitem die nahenden wirtschaftlichen Probleme, und keiner der beiden war bereit, tatenlos zuzusehen. Die Folge war eine bizarre – aber äußerst effektive – Koalition, die in kürzester Zeit dem EWS den Garaus machte.

3. Der Fall des EWS

»There are benefits to tying yourself to a mast ... But if you are tied so tightly that the blood circulation becomes cut off in a storm, then it can become self-defeating.«
Bank of England, Governor Eddie George

»Ich verdiente eine Milliarde Dollar mit dem Crash des Pfundes«, stand am 24. Oktober 1992 in großen schwarzen Buchstaben auf der Titelseite der Londoner *Daily Mail* – ungefähr einen Monat nach dem Schwarzen Mittwoch, dem Tag, an dem die britische Regierung den Ausstieg des Pfundes aus dem EWS beschloß. Unter der Überschrift war das Bild eines grinsenden Mannes mit einem Glas in der Hand zu sehen. Das Gesicht des Feindes. Das Gesicht des gehaßten angelsächsischen Währungsspekulanten, der die europäischen Ambitionen untergraben hatte, um es mit den Worten des ehemaligen französischen Finanzministers Roland Dumas zu sagen. »Wer gewinnt bei diesem Verbrechen?« fragte sich Dumas. Das britische Fernsehen errechnete, daß die Verteidigung des Pfundes die Bank von England mehr gekostet hatte als der Golfkrieg. Das Ergebnis der Rechnung waren etwa 25 Dollar pro britischem Steuerzahler. Geld, das auf die Bankkonten zynischer Währungsspekulanten geflossen war, die den europäischen Traum untergraben hatten, einzig und allein, um selbst davon zu profitieren.

Der Mann auf dem Bild bereute seine Sünden jedoch nicht. »Es tut mir nicht im geringsten leid, daß ich an der Abwertung des Pfundes verdient habe. Ich habe nicht gegen das Pfund spekuliert, um England zu helfen, aber ich tat es auch nicht, um England zu schaden. Ich habe es getan, um Geld zu verdienen«, sagte George Soros zwei Tage später zu Anatole Kaletsky von der Zeitung *The Times*. Der zuvor veröffentlichte Artikel in der *Daily Mail* hatte den Spekulanten davon überzeugt, daß er seine Version der Geschichte an die Presse loswerden mußte. Es war zumindest eine außergewöhnliche Entscheidung. Spekulanten sind dafür bekannt, daß sie nicht mit der Presse reden. Sie verdienen Geld – viel Geld –, aber sie halten den Mund.

Soros ist jedoch kein gewöhnlicher Spekulant. Nach Meinung vieler ist er der erfolgreichste Fondsverwalter in der Finanzgeschichte der Nachkriegszeit. Sein Quantum Fonds, mit Sitz auf den niederländischen Antillen, erwirtschaftete seit seiner Gründung im Jahre 1969 eine jährliche Kapitalrendite von fast 35 Prozent. Soros' erfolgreicher Angriff auf das britische Pfund verschaffte ihm in der Presse den Beinamen »The man who broke the Bank of England«. Wie gelingt es Soros, solch astronomische Beträge zu verdienen, fragten sich die Analytiker. Indem er viel Geld – sehr viel Geld – aufs Spiel setzt, wenn er sich seiner Sache sicher ist, lautete die Antwort. Und im Falle des Angriffs auf das Pfund war Soros sich seiner Sache mehr als sicher.

Wer war für die 25 Dollar, die jeder Brite für die Verteidigung des Pfundes bezahlt hatte, verantwortlich, fragte sich Soros? Die britische Regierung, die im Oktober 1990 unbedingt das Pfund zu einem absurd hohen Kurs von 2,95 D-Mark in das EWS einführen wollte und anschließend stur an diesem Kurs festhielt? Die Deutsche Bundesbank, die die Überbewertung der grundlegend schwachen europäischen Währungen erkannte und die Spekulanten so zum Angriff einlud? Oder die Spekulanten, wie er selbst, die den Abzug betätigten? Soros' Meinung nach konnte es hierüber keinen Zweifel geben: Der wahre Schuldige war die Deutsche Bundesbank. »Wir führten einfach die Befehle unseres Meisters, der Bundesbank, aus«, sagt er in seiner autorisierten Biographie *Soros on Soros*. »Vielleicht haben wir besser als andere verstanden, wer unser Meister war, und vielleicht waren wir besser im Registrieren der frühen Signale. Darüber, wer der Anführer der Jagd gewesen ist, besteht für mich überhaupt kein Zweifel.« Soros erzählt in seinem Buch, wie er von der Tatsache, daß er die Bundesbank auf seiner Seite hatte, überzeugt wurde: »Meinen ersten Hinweis bekam ich vom Bundesbankpräsidenten Schlesinger, während eines Vortrags, den er bei einer vornehmen Tagung hielt. Er sagte, daß Investoren einen riesengroßen Fehler begingen, wenn sie dachten, daß der ECU ein fester Währungskorb sei. Er spielte unter anderem auf die italienische Lira an als eine ungesunde Währung. Nach dem Vortrag fragte ich ihn, ob er den ECU als Währung mochte, und er antwortete, daß er das Konzept, jedoch nicht den Namen mochte. Er hätte es lieber gesehen, daß sie (die Einheitswährung) D-Mark heißen würde. Ich hatte den Hinweis verstanden…«

Die Macht der Buba

Soros' unerwarteter Verbündeter, die Deutsche Bundesbank, ist der Beschützer von Deutschlands größtem Stolz: der Deutschen Mark. Berührt man diesen Stolz, dann trifft man den deutschen Bürger in seine traumatisierte Seele. Das Trauma hat seine Ursache in der katastrophalen Währungsentwertung, die die Weimarer Republik nach dem Ersten Weltkrieg durchlebte. Es war die Zeit, als Eltern ihre Kinder mit gebündelten Eintausendmarkscheinen Türmchen bauen ließen, da dies billiger war, als ihnen einen Holzbaukasten zu kaufen. Das Währungschaos, in das Deutschland im Jahre 1923 geriet, ist schwierig in Worte zu fassen. Arbeiter bekamen am Abend einen Tageslohn von einer Million Mark und mußten anschließend schnell in einen Laden, damit sie für diesen Betrag noch ein einziges Pfund Butter kaufen konnten. Am nächsten Tag konnten sie dafür noch nicht einmal mehr eine Schachtel Streichhölzer kaufen. Wozu die durch eine derartige Währungsabwertung verursachte wirtschaftliche Zerrüttung führen konnte, stellte sich einige Jahre später mit dem Aufkommen des Nationalsozialismus heraus.

Seit der Währungsreform nach dem Zweiten Weltkrieg hat die D-Mark einen beachtlichen historischen Siegeszug angetreten. Zusammen mit dem Dollar und dem Yen ist sie heute eine der wichtigsten Reservewährungen der Welt. Seit dem ungebrochenen Sinken des Dollarkurses auf den Wechselmärkten nach dem Plaza-Abkommen ist die D-Mark zusammen mit dem Yen auch eine der zwei stärksten Währungen der Welt. Die starke Position der D-Mark ist unzertrennlich mit zwei Eigenschaften des Nachkriegsdeutschlands verbunden. Zum einen gibt es das deutsche Wirtschaftswunder, wodurch Westdeutschland zu einer der wichtigsten Industrienationen der Welt wurde, und zum anderen gibt es die unerbittliche Haltung der Deutschen Bundesbank, die über die Kaufkraft der D-Mark wacht wie eine Henne über ihre Küken. Viel mehr als jede andere europäische Nationalbank ist die Bundesbank völlig unabhängig, wenn es darum geht, den Wert der D-Mark zu beschützen. Das heißt, daß die Buba politischem Druck nicht nachgeben wird, wenn es den Politikern besser passen würde, wenn die Bank eine etwas lockerere Währungspolitik betriebe – zum Beispiel, wenn dies dem Wirtschaftswachstum oder dem Schaffen von Arbeitsplätzen zugute käme.

Journalisten und Historiker bemerken gerne, daß das Trauma der Geldentwertung so tief sitzt, daß es sogar heute noch ein politisch heißes Eisen ist. Nach Meinung des Buba-Biographen David Marsh, Autor des Buches *The*

Most Powerful Bank: Inside Germany's Bundesbank, steckt jedoch mehr hinter dem Trauma. Er meint, daß die Bundesbank selbst ihr Bestes tut, um die Erinnerung an diese Tragödie wachzuhalten. Auf diese Art und Weise unterstreicht die Bank selbst die Notwendigkeit ihres Bestehens, die unter anderem in dem großzügigen Jahresgehalt von 420.000 Dollar zum Ausdruck kommt, das der Vorstandsvorsitzende der Buba erhält. Die Bundesbank ist da, um die D-Mark zu beschützen, und die D-Mark ist da, um die Bundesbank zu beschützen. Eher noch als der blinde Abscheu vor der Inflation ist dieser Pragmatismus nach Meinung von Marsh die Triebfeder par excellence für Europas mächtigste Zentralbank. Deutschland muß die stärkste Währung der Welt besitzen, weil sie der Bundesbank die Reputation garantiert, die mächtigste Bank der Welt zu sein. Auch wenn diese Strategie von Zeit zu Zeit ein paar Prozentpunkte weniger Wachstum oder ein paar Prozentpunkte mehr Arbeitslosigkeit bedeutet. Die Deutschen beißen gerne in den sauren Apfel, wenn die Bundesbank sie zum soundsovielsten Mal an die Tragödie der zwanziger Jahre erinnert.

Wie wir vorhin bereits dargelegt haben, war die Bundesbank Mitte der achtziger Jahre sehr wohl zufrieden mit der monetären Zusammenarbeit in Europa. Das EWS paßte der Buba gut, weil das System so funktionierte, daß die stärkste Währung – also die D-Mark – de facto als Anker des Systems fungierte. Die Europäische Währungsunion dagegen ist eine direkte Bedrohung für die Buba – so haben die Franzosen das System im übrigen auch immer gemeint. Die Idee, die harte D-Mark gegen eine europäische Einheitswährung einzutauschen, widerspricht alldem, woran die Buba glaubt. Vor allem, wenn dieser Euro mit Ländern wie England oder Italien geteilt werden muß. Länder, die nicht davor zurückschrecken, ihre Währung von Zeit zu Zeit als Wettbewerbswaffe einzusetzen, und die die damit einhergehende Inflation in Kauf nehmen. Die EWU widerspricht nicht nur den Prinzipien der Buba, sondern das System bedroht auch die Existenz einer Zentralbank. Der Vertrag von Maastricht sieht nämlich die Errichtung einer Europäischen Zentralbank vor, die die Rolle aller europäischer Zentralbanken übernehmen soll. Das heißt, daß die Buba ihre liebevoll gehegte Macht über die D-Mark einem europäischen Institut wird abtreten müssen.

Trotz der enormen Bedrohung, die von der EWU und dem Maastrichter Vertrag ausgeht, verhielt die Buba sich auf dem Weg nach Maastricht relativ ruhig. Der Buba-Vorstandsvorsitzende, Karl Otto Pöhl, wollte nicht nur dem Mustervertrag seinen Stempel aufdrücken, sondern er mußte sich auch noch um etwas anderes kümmern. Am 9. November 1989 fiel die Berliner Mauer. Millionen Ostdeutsche packten ihre Koffer, um auf der anderen Seite des Eisernen Vorhangs das Land aufzusuchen, wo Milch und Honig fließen. Westdeutschland wollte die historische Gelegenheit beim Schopfe packen, um Deutschland wieder zu vereinen, machte sich aber gleichzeitig Sorgen über die wirtschaftlichen und sozialen Folgen einer Flutwelle armer ostdeutscher Arbeiter, die bereit waren, für einen Bruchteil des Lohnes ihrer westdeutschen Kollegen zu arbeiten. Wenn Bundeskanzler Kohl die westdeutsche Wirtschaft nicht gefährden wollte, dann mußte er die Massenemigration von Ost nach West verhindern, indem er sozusagen alle Ostdeutschen von heute auf morgen reich machte.

Am 6. Februar 1990 kündigte Kohl an, daß er zu einer sofortigen Währungsunion mit Ostdeutschland bereit sei. In den darauffolgenden Wochen sollte über den Umtauschkurs zwischen der harten D-Mark und der Ostmark aus Plaste entschieden werden. Auf dem Schwarzmarkt lag der Wechselkurs bei 7 Ostmark zu 1 D-Mark. In einem Anfall von außergewöhnlicher Freigebigkeit kam die Buba jedoch zu dem Schluß, daß ein Wechselkurs von 2 zu 1 wirtschaftlich akzeptabel sei. Kohl ignorierte diesen guten Rat völlig und beschloß kurz darauf, alle Löhne, Preise, Mieten und ein Teil des Sparvermögens der Ostdeutschen gegen einen Kurs von 1 zu 1 umzutauschen. Es war, als ob jeder Ostdeutsche im Lotto gewonnen hatte. Die Diskussion über die Währungsunion zwischen Ost- und Westdeutschland führte dazu, daß Kohl und die Buba völlig entgegengesetzte Positionen vertraten. Die Buba wußte, daß die Währungsunion zwischen Ost und West unsinnig war. Nicht nur stieg dadurch mit einem Male die deutsche Geldmenge an, sondern mit einem Umtauschkurs von 1 zu 1 wurden die ostdeutschen Arbeiter und Betriebe auch völlig aus dem Markt geworfen. Das gewinnende Los bedeutete für die Ostdeutschen, daß ihre Wirtschaft jeden Konkurrenzvorteil verloren hatte. Sofort nach der Wiedervereinigung lagen die Löhne im Osten bei 50 Prozent der Löhne im Westen. Die Produktivität eines ostdeutschen Arbeiters war jedoch viermal niedriger als die seiner Kollegen in Westdeutschland. Die westdeutschen Gewerkschaften machten das Maß voll, indem sie eine schnelle Angleichung der Löhne forderten.

Die deutsche Währungsunion hatte, wie es die Buba vorhergesagt hatte, verhängnisvolle Folgen für den Osten des neuen Deutschlands. Niemand wollte mit harter D-Mark, weder für den Schrotthaufen, der Ostdeutschland war, noch für die dort hergestellten Produkte, bezahlen. Die Arbeitslosigkeit in der ehemaligen DDR stieg auf ungekannte Höhe. Infolgedessen war Bonn gezwungen, sehr große Mengen Geldes in die fünf neuen Bundesländer zu pumpen. Im Jahre 1990 sagte Kohl voraus, daß die Wiedervereinigung aufgrund des steigenden Wirtschaftswachstums relativ wenig kosten würde. Ein Jahr später stellte sich heraus, daß Bonn jährlich 150 Milliarden Dollar in den Osten pumpen mußte. Das deutsche Haushaltsdefizit stieg rasant an, und Deutschland lieh immer mehr Geld auf den Kapitalmärkten. Die Deutschen sollten einen hohen wirtschaftlichen Preis für ihre Wiedervereinigung zahlen.

Die monetäre Wiedervereinigung von Ost- und Westdeutschland bewies, daß man zwei Wirtschaftssysteme nicht einfach so, ohne ernsthafte strukturelle Probleme, unter einer Währung vereinigen kann. Wenn die Vereinigung zu einem wirtschaftlich realistischen Kurs geschieht, entstehen garantiert sozialökonomische Probleme wie Massenimmigration und sinkende Löhne in dem Land mit der stärkeren Währung. Wenn das Land mit der stärkeren Währung beschließt, seinen Partner zu unterstützen, indem es einen unnatürlich günstigen Umtauschkurs akzeptiert, dann wirft das Land mit der schwachen Währung sich selbst aus dem Markt. Die Folge ist Arbeitslosigkeit in dem Land mit der schwachen Währung und die Notwendigkeit großer Haushaltstransfers. In beiden Fällen wird die Wirtschaft der nunmehr vereinten Länder zerrüttet.

Die deutsche Währungsunion war nicht nur eine Ohrfeige für die Buba. Ironischerweise wurde durch Kohls Entscheidung auch einer der zwei Stützpfeiler des EWS weggerissen. Sowohl der französische Präsident Mitterrand als auch Bundeskanzler Kohl sahen in der deutschen Wiedervereinigung die Notwendigkeit für eine Beschleunigung der europäischen Integration. Das wiedervereinte Deutschland sollte um jeden Preis in ein größeres europäisches Ganzes eingefügt werden. Durch die unverantwortliche Art und Weise, in der Kohl den Währungsaspekt der Wiedervereinigung abhandelte, hatte er jedoch den Anlaufmechanismus für die europäische Integration – das EWS – sabotiert. Das EWS war, wie gesagt, ein krankes System, das nur dank zweier Stützpfeiler überleben konnte. Das System krankte an der allmächtigen Position der D-Mark als dem Anker des EWS. Überleben konnte das System nur dank seiner Flexibilität und dem positiven Einfluß, den die deutsche Anti-Inflationspolitik auf den Rest Europas hatte. Es war dieser letzte Pfeiler, den Kohl untergraben hatte.

Dadurch, daß er allen Ostdeutschen ein Vermögen in den Schoß warf, hatte Kohl eine gewaltige Inflationsbombe unter die D-Mark gelegt. Millionen Ostdeutsche konnten ihre wertlose Ostmark nach dem Umtausch in D-Mark für den Kauf von westdeutschen Produkten – von Bayer-Aspirin bis Volkswagen-Autos – verwenden. Die Buba war davon überzeugt, daß die westdeutsche Industrie den plötzlichen Anstieg der makroökonomischen Nachfrage nicht befriedigen könne. Die höchstwahrscheinliche Folge wäre ein plötzlicher Anstieg der Preise, wodurch die west- und ostdeutschen Verbraucher zusammen die plötzliche Bereicherung von Ostdeutschland durch einen allgemeinen Kaufkraftverlust kompensieren würden. Inflation also, und das ist etwas, was die Buba auf den Tod nicht ausstehen kann. Die einzige Alternative wäre ein starker Zuwachs der D-Mark auf den Wechselmärkten, wodurch deutsche Produkte teurer und somit für ausländische Verbraucher weniger interessant würden. Der daraus resultierende Exportrückgang würde auch den Druck auf das westdeutsche Betriebsleben verringern.

Es ist nicht schwer zu erraten, für welches der beiden Szenarien sich die Buba entschied. Sofort nach der Wiedervereinigung drehte die Buba den Geldhahn zu. Zwischen April 1989 und Juli 1992 stieg der deutsche Diskontsatz (der offizielle Zinssatz, der einen Boden unter den Geldmarktzins legt) von 4,5 auf 8,75 Prozent. Die Buba wollte verhindern, daß auch nur ein Körnchen Inflation in die deutsche Wirtschaftsmaschinerie geriet. Die höheren deutschen Zinsen hatten jedoch über das EWS einen katastrophalen Einfluß auf das restliche Europa. Länder wie Frankreich oder Belgien konnten ihre Zinsen nicht unterhalb der deutschen Zinsen senken, weil dann auch der Wechselkurs ihrer Währung gegenüber der D-Mark sinken würde. Als Folge des kurzatmigen Wirtschaftswachstums in Europa hatten diese Länder jedoch einen dringenden Bedarf an niedrigeren Zinssätzen.

Die Buba hatte jahrelang daran gearbeitet, das EWS de facto zu einem D-Mark-Block zu machen. Deshalb hatte die Bank auch so heftig auf den französischen Vorschlag, dem EWS mit dem ECU einen echten Anker zu geben, reagiert. Nicht der ECU, sondern die D-Mark sollte die europäische Einheitswährung werden. Der Name tat nicht zur Sache, sondern es ging darum, daß die Deutschen ihre Währungssouveränität nicht abgeben sollten. Nachdem sich die Buba Ende der achtziger Jahre mit Erfolg zur zentralen Bank für das gesamte Europa aufgespielt hatte, ließ sie ihre europäischen Partner nach der Wiedervereinigung einfach im Regen stehen. Wer den monetären Führer Europas spielen will, muß seine Verantwortung tragen und das Wohl der Gemeinschaft über das eigene Wohl stellen. Bis kurz vor der Wiedervereinigung war dies überhaupt kein Problem, da alles, was gut für Deutschland war, auch für den Rest Europas gut war. Als jedoch die wirtschaftlichen Interessen Deutschlands und die des restlichen Europas nach der Wiedervereinigung auseinanderdrifteten, wollte die Buba dies nicht mehr. Die Bundesbank, so stellte sich heraus, war nicht reif für den Status, den sie sich selbst gegeben hatte. Sie war nicht das monetäre Gewissen Europas. Sie war ein egoistischer Inflationsgeier, der versuchte, die Schmerzen der Wiedervereinigung auf seine europäischen Partner abzuwälzen.

Das EWS wird biegen oder brechen

Warum untergrub die Buba nach der Wiedervereinigung ein Wechselkurssystem, das ihr so viele gute Dienste erwiesen hatte? Das EWS – von den Franzosen als Mittel geplant, um die Macht der Buba zu brechen – hatte sich im Laufe der achtziger Jahre als die beste Garantie für die wirtschaftliche und monetäre Vorherrschaft Deutschlands in Europa entpuppt. Jetzt schien es so, als ob die Bank darauf aus war, das von ihr selbst Geschaffene wieder zu verschleudern. Handelte die Buba nur aus egoistischen Gründen, als sie die wirtschaftlichen Nöte Europas nach der Wiedervereinigung völlig ignorierte? Ach was. Die deutsche Wiedervereinigung war nicht mehr als eine Ausrede, um den europäischen Wechselkursmechanismus zu vernichten. Das EWS sollte kaputtgemacht werden, weil es in Maastricht von einem Schutz für die deutschen monetären und wirtschaftlichen Interessen in eine Bedrohung für die Allmacht der Buba verändert worden war.

Wie schon gesagt, hatte Pöhl, der Vorstandsvorsitzende der Buba, im Vorfeld von Maastricht alles getan, um zu verhindern, daß die Buba das Opfer der EWU werden würde. Kohl hatte die D-Mark geopfert, aber Pöhl hatte dafür gesorgt, daß das, was an ihre Stelle treten sollte, auf dem deutschen Leisten geschustert war. In der Vorbereitungsphase von Maastricht zweifelte die Buba außerdem sehr stark daran, daß das ganze Getue um die europäische Einheitswährung jemals zu einem Ergebnis führen würde. Die Bedingungen für die Währungsunion waren ja nicht von Pappe. Erstens würden die Franzosen sich krümmen und winden müssen, um die wirtschaftlichen Konvergenzkriterien zu erfüllen. Das war schon im Jahre 1991 klar. Ferner würde man garantiert einen Teil Südeuropas fallen lassen müssen, für den die gleichen Kriterien bestimmt nicht erfüllbar wären. Und schließlich bezweifelte die Buba auch, daß die Franzosen jemals mit der politischen Integration, die dem Maastrichter Vertrag zufolge mit der EWU einhergehen sollte, einverstanden sein würden. Die EWU würde es nie geben, so spekulierte man in Frankfurt am Main. An ihrer Stelle würde das gute alte EWS weiterhin als Deutschlands Versicherungspolice für die monetäre Vorherrschaft der D-Mark fungieren.

Sobald die europäischen Regierungschefs ihre Unterschrift unter den Maastrichter Vertrag gesetzt hatten, wurde der Buba jedoch klar, daß sie veräppelt worden war. Es begann schon in Maastricht. Dort entschieden die europäischen Regierungschefs im allerletzten Moment, auf Druck von Mitterrand und des italienischen Premierministers Andreotti, eine politische Notklausel in den Vertrag einzubauen. Es wurde entschieden, daß die EWU in jedem Fall mit jenen Ländern, die die Kriterien erfüllten, zum 1. Januar 1999 in Kraft treten sollte. Spätestens im Jahre 1998 sollte die Europäische Zentralbank gegründet werden. Die Deutschen und die Niederländer protestierten heftigst, zogen jedoch den kürzeren. Die EWU würde auf alle Fälle im Jahre 1999 Wirklichkeit werden. Für die Buba war dies, nach der vorherigen Erniedrigung anläßlich der deutschen Währungsunion, ein zweiter Schlag ins Gesicht. Was würde passieren, wenn 1998 nur zwei Länder oder gar nur ein Land die Kriterien erfüllen würden? Diese Art der Unsicherheit überzeugte die Buba von der Tatsache, daß ihre europäischen Partner die Konvergenzkriterien nie ernstgenommen hatten. Mit ihren triumphierenden Aussagen darüber, wie sie die Deutschen besiegt hatten, gossen die Franzosen in den darauffolgenden Monaten noch Öl ins Feuer.

Plötzlich wurde der Buba alles klar. Für die Deutschen waren das EWS und die EWU zwei völlig verschiedene Dinge. Das EWS war ein flexibles System, an dem alle europäischen Länder teilnahmen und bei dem Deutschland die Überhand besaß. Die EWU war ein neues Projekt, das nur mit jenen Partnern starten würde, die die rigorosen Maastricht-Kriterien erfüllten. Das flexible EWS – dieses kranke System mit schwachen Währungen wie Lira und Peseta – durfte niemals die Grundlage bilden für die knallharte EWU, für die Deutschland bereit wäre, seine D-Mark zu opfern. (Um dies noch einmal zu bekräftigen, weigerte sich Deutschland im Jahre 1995, die neue europäische Einheitswährung ECU zu nennen). Wenn das EWS 1992 für den Rest Europas ganz klar einen Anlauf auf dem Weg zur EWU darstellte, dann sollte dieses System vernichtet werden, so urteilte die Buba.

Diese Aufgabe kam Helmut Schlesinger zu, der im August 1991 das Ruder von Pöhl übernommen hatte. Schlesinger würde seinen europäischen Partnern beweisen, daß die Europäische Währungsunion noch lange keine Tatsache war. Solange nicht alle Konvergenzkriterien erfüllt seien, sollte Europa mit dem EWS auskommen. Und dieses EWS war im Gegensatz zur EWU ein flexibles System mit der D-Mark an der Spitze. Die Wiedervereinigung und die Furcht vor Inflation im eigenen Land boten der Buba den idealen Vorwand, um dies zu beweisen. Schlesinger würde beweisen, daß das EWS ein flexibles System sei, in dem die D-Mark nach Belieben revaluieren könne, wenn es die nationale wirtschaftliche Situation Deutschlands erfordere. Falls der Rest Europas dies bestreiten wolle, müßte er der D-Mark auf ihrem steilen Weg nach oben folgen. Das EWS würde biegen, so war das System schließlich auch entworfen. Und sollte es nicht biegen, dann müßte es brechen.

Nach der letzten Neuordnung im Jahre 1987 funktionierte das EWS eigentlich schon als eine Art virtuelle Währungsunion, zum großen Vergnügen der europäischen Politiker, die darin eine Bestätigung ihrer verzerrten volkswirtschaftlichen Denkweise sahen. Das System war grundsätzlich flexibel. Dies bedeutete, daß die Kurse nach gemeinsamer Überlegung geändert werden konnten, daß in der Praxis die Paritäten jedoch nicht berührt werden durften. Dies schuf ein trügerisches Sicherheitsgefühl. Das Unveränderttlassen der Paritäten, ungeachtet der wirtschaftlichen *Fundamentals,* wurde zum Ziel an sich erhoben. Es war die Zeit, in der die vielen Mythen über die Vorteile von stabilen Wechselkursen erfunden wurden. Europäische Regierungschefs behaupteten, daß ihre Wirtschaftspolitik nicht auf der Grundlage von Wirtschaftswachstum, Inflation oder Arbeitslosigkeit beurteilt werden könnte. Wechselkursstabilität sei das einzige, was zähle.

Dies führte zur Verherrlichung einer Art *Machopolitik*, bei der das Festhalten an einem starken – oft zu starken – Wechselkurs zum höchsten Gut erhoben wurde. Diese Politik wurde durch die Neigung der schwächeren Währungen im EWS, zum stärksten Kurs zu notieren, noch verstärkt (auf diesen perversen Effekt kommen wir im nächsten Kapitel zurück). Nach Maastricht gelangten sowohl die Finanzmärkte als auch die Zentralbanker immer mehr zu der Überzeugung, daß die monetäre Einigung Europas eigentlich schon eine Tatsache sei. Deshalb notierten die schwächeren Währungen viel stärker, als es ihre *Fundamentals* zuließen. Grundsätzlich waren die Lira und die Peseta schwache Währungen, aber politisch waren sie dank der Behauptungen der europäischen Zentralbanker, daß es nach Maastricht keine Paritätsanpassungen im EWS mehr geben würde, stark.

Die Politisierung des EWS äußerte sich auch noch in anderer Weise. Nach der Veröffentlichung des Delors-Berichts wurde es für viele schwache Währungen außerhalb des EWS zur Mode, sich an den ECU zu koppeln. Wirtschaftliche Hintergründe spielten dabei überhaupt keine Rolle. Eine einfache politische Aussage schien ausreichend, um eine schwache Währung mit einem Male in eine harte Währung umzusetzen. Im Oktober 1990 koppelte Norwegen seine Krone an den ECU. In den darauffolgenden zwanzig Monaten folgten Schweden, Finnland und Zypern. Im April 1992 wurde sogar das schwache Brüderchen Portugal vollwertiges Mitglied des EWS (jedoch mit großen Schwankungsmargen von 6 Prozent). Die Buba sah mit Besorgnis, wie erneut eine schwache Währung dem EWS beitrat. An sich hatten die Deutschen damit kein Problem, solange die Währungsbehörden in Portugal sich nicht einbildeten, damit eine Fahrkarte in Richtung EWU gelöst zu haben.

Während das EWS immer mehr einer politischen Fiktion glich, drehte die Buba im eigenen Land ungestört den Geldhahn immer weiter zu. Und die Auswirkungen dieser Politik wurden im restlichen Europa immer deutlicher spürbar. Vor allem das Vereinigte Königreich hatte es schwer. Die Briten waren dem EWS im Oktober 1990 bei einem Kurs von 2,95 D-Mark beigetreten. Volkswirte errechneten ein Jahr später, daß ein Kurs von 2,24 D-Mark ökonomisch realistischer gewesen wäre. Die enorme Überbewertung war – natürlich – eine politische Entscheidung. Anfang 1992 bedeutete ein überbewertetes Pfund jedoch eine wahre Folter für die britischen Unternehmen. Die hohen deutschen Zinssätze machten dies nur noch schlimmer. Für Italien gilt eine ähnliche Geschichte. Durch die höhere italienische Inflation hatte die Lira zwischen 1987 und Anfang 1992 17,4 Prozent ihres Basiswertes verloren. Das äußerte sich jedoch nicht in dem reellen Wechselkurs der Währung, wodurch die Italiener einen kompetitiven Preisnachteil von 17,4 Prozent erlitten. Von einer Abwertung konnte den Briten und Italienern zufolge jedoch keine

Rede sein. Die Buba stellte sich dumm und zog die Zinsen weiter an. Im Sommer 1992 erreichten die deutschen Zinssätze ihr höchstes Niveau seit der Einführung der D-Mark im Jahre 1948. Europa ächzte unter der ökonomischen Last, fuhr aber fort, seine Schmerzgrenze zu verlagern.

Die Unbeugsamkeit der Buba hatte Europa zu einem wirtschaftlichen Pulverfaß gemacht. Das einzige, was jetzt noch fehlte, war ein Funke. Der kam am Sonntag, dem 2. Juni, mit dem dänischen »Nein« zum Maastricht-Referendum. Die Währungsmärkte reagierten geschockt. Der politische Unterbau des EWS wurde mit einem Schlag weggefegt. Maastricht war kein Fakt, und die unantastbare Koppelung der europäischen Währungen im EWS war keine politisch vollendete Tatsache. Was übrigblieb, waren harte Wirtschaftszahlen, wie die Inflation in Italien und die Arbeitslosigkeit im Vereinigten Königreich. Anlagefonds und Unternehmen begannen, massenweise schwache Währungen zu verkaufen. Die Währungen schienen interessant, als Maastricht ihre Koppelung an den ECU garantierte. Im Licht des dänischen »Nein« – und der Unsicherheit über die EWU, die dies mit sich brachte – erschienen sie bei weitem nicht so interessant. Die schwachen europäischen Währungen fielen stark, und die D-Mark schoß in die Höhe. Und was tat die Buba? Während Europa um ein Zeichen von Verständnis bat, erhöhte die Buba am 17. Juli 1992 einfach den deutschen Diskontsatz um 0,75 Prozent. Es war eine öffentliche Kriegserklärung an die EWU und der letzte Nagel am Sarg des EWS.

Die Buba war überzeugt, daß es an der Zeit sei, die Flexibilität des EWS einmal richtig zu demonstrieren. Der Augenblick für eine drastische Revaluierung der D-Mark war da. Die europäischen Politiker schienen jedoch auf beiden Augen blind zu sein. Auf dem informellen Ecofin-Gipfel im September 1992 in Bath weigerten sie sich, das Thema anzusprechen. Statt dessen drängte der britische Finanzminister Norman Lamont stundenlang bei Schlesinger auf eine deutsche Zinssenkung. Dieser sah dies nur als Beweis für die Tatsache, daß Europa die Autonomie der Buba angreifen wollte, und drohte zu einem bestimmten Zeitpunkt sogar mit seiner Abreise. Wenn die D-Mark nicht revaluieren dürfe, sollte Europa weiter leiden.

Die Währungsspekulanten wie George Soros hatten inzwischen natürlich längst kapiert, was los war. Die deutsche Weigerung, die Zinsen zu senken, war eine Einladung, mit den schwächeren Währungen aus dem EWS zu spekulieren. Schlesinger hatte seinen Beweis bekommen, daß das System nach Maastricht politisch verdorben war. Nach Bath war es nur noch eine Frage von Tagen, bis das EWS fällig war. Kaum 15 Monate nach der Koppelung der Markka an den ECU mußte Finnland am 8. September 1992 seine Währung abkoppeln.

Im Anschluß daran richteten die Spekulanten ihre Pfeile auf das Herz des EWS. Die Banca d'Italia hatte den italienischen Zinssatz bereits vor dem Gipfel in Bath auf 18 Prozent erhöht – ein unhaltbares Niveau, da Italien einen Großteil seiner Staatsschulden kurzfristig finanziert. Nach langen Streitereien wurde die italienische Lira am 13. September um 7,1 Prozent abgewertet. Damit war ein Präzedenzfall geschaffen. Die Paritäten im EWS lagen nicht unveränderbar fest. Das System war sehr wohl flexibel, und die wirtschaftliche Wirklichkeit schien den politischen Hochmut einzuholen. Das nächste Opfer war das britische Pfund. Am Tage nach der Abwertung der Lira hatte die Buba den deutschen Diskontsatz um 0,5 Prozent gesenkt. Es war ein politisches Zugeständnis, für das Schlesinger am nächsten Tag auf den Seiten des *Wall Street Journal* Rache nahm. In einem Interview suggerierte Schlesinger, daß die Abwertung der Lira nicht ausreiche. Es seien mehr Revaluierungen im EWS notwendig. Dies war eine Einladung an die Adresse der Spekulanten, die daraufhin mit vereinten Kräften das britische Pfund angriffen. Soros alleine setzte zehn Milliarden Dollar gegen die britische Währung ein. Die Bank of England erhöhte den britischen Zinssatz bis auf 15 Prozent, was jedoch nichts änderte. Als der britische Premierminister Major am 16. September, dem »Schwarzen Mittwoch«, das Handtuch in den Ring warf, war Soros um eine Milliarde Dollar reicher. »Es war wie Fische schießen in einer Tonne«, würde er später zu seinem Sieg sagen.

Die Spekulanten hatten Blut gerochen. Nachdem das Vereinigte Königreich am 16. September entschieden hatte, das EWS zu verlassen, kam das Währungskomitee in Brüssel zu einer Sondersitzung zusammen. Auch Italien stieg aus dem Wechselkursmechanismus aus, und Spanien wertete die Peseta um 5 Prozent ab. Am 19. November stieg Schweden aus. Am 22. November wurde die Peseta erneut um 6 Prozent abgewertet. Der Escudo sollte folgen. Auch Norwegen mußte am 10. Dezember abspringen, und am 30. Januar 1993 wurde das irische Pfund um 10 Prozent abgewertet. Der französische Franc blieb trotz des ganzen monetären Tumults jedoch auf den Beinen. Die Buba mochte zwar das EWS kippen, aber die deutsch-französische Achse zerbrechen, das würde Kohl der Bank nie verzeihen. Sowohl die Banque de France als auch die Buba stützten den Franc mit Interventionen auf Biegen und Brechen. Soros hielt sich nach eigener Aussage zurück, weil er das Ende der europäischen Einigung nicht auf dem Gewissen haben wollte. In Wirklichkeit hielt er sich wahrscheinlich zurück, weil er wußte, daß er die Buba diesmal nicht auf seiner Seite hatte. Sowohl Schlesinger als auch dessen Stellvertreter, Hans Tietmeyer, machten in den Tagen nach dem »Schwarzen Mittwoch« verschiedene Bemerkungen in der Presse über den starken französischen Franc. Für große Spekulanten wie Soros war die Aussage klar: Hände weg!

Dennoch haben die Spekulanten den französischen Franc nach der Septemberkrise regelmäßig angegriffen. Und obwohl Deutschland seine Zinssätze nach der Krise allmählich senkte, war die wirtschaftliche Last der deutschen Währungspolitik für Frankreich kaum zu tragen. Frankreich steuerte der schlimmsten Rezession seit Jahrzehnten entgegen. Für die Deutschen dagegen bedeuteten die wiederholten Stützkäufe von französischen Francs eine unwillkommene Steigerung der deutschen Geldmenge. Nach einer erneuten Abwertung der Peseta und des Escudo am 13. Mai erhöhte sich der Druck auf den französischen Franc erneut. Ursache war ein noch nie dagewesenes Beispiel von Übermut, als die Franzosen im Juli 1993 erneut versuchten, die kurzfristigen französischen Zinsen unter die deutschen Zinsen zu drücken. Die Märkte interpretierten dies als einen Beweis dafür, daß Frankreich das deutsche Währungskorsett nicht länger ertragen konnte. Eine neue Spekulationswelle kam auf.

Die Bundesbank konnte das Tier, das sie losgelassen hatte, nicht länger bändigen. Die Währungsspekulanten waren im Begriff, das EWS in Stücke zu zerreißen. Frankreich dachte noch nicht an eine Abwertung, und Deutschland konnte seine Zinsen nicht schneller senken, als es dies bereits getan hatte. Es gab nur eine einzige Lösung: Das EWS sollte verschwinden. Die wirtschaftlichen Divergenzen waren zu groß. Am 2. August 1993 kündigten die europäischen Finanzminister an, daß die Schwankungsmargen im EWS bis auf plusminus 15 Prozent erweitert würden. Nur die Niederlande und Deutschland behielten untereinander die alte bilaterale Schwankungsmarge von 2,25 Prozent bei. Das EWS war Vergangenheit. Ironischerweise fiel das Ereignis bis auf eine Woche zusammen mit der Ablösung von Helmut Schlesinger an der Spitze der Buba durch Hans Tietmeyer. Schlesinger hatte das alte EWS untergraben. Es war die Aufgabe seines Nachfolgers Tietmeyer, das gesamte Ungeheuer von Grund auf wiederaufzubauen – natürlich nach deutschen Plänen.

Die EWS-Krise in den Jahren 1992–1993 war der ultimative Test für die Bundesbank. Der Verlauf der Ereignisse zeigte sonnenklar, daß die Buba die EWU verwirklichen, aber auch vernichten könnte. Nur im allerletzten Augenblick wurde die Buba von den Ereignissen mitgeschleift, aber da hatte das EWS schon lange keinen Nutzen mehr. Die Folgen für Europa waren gewaltig. Seit der EWS-Krise und der damit einhergehenden politischen Niederlage herrscht unter den europäischen Bürokraten eine enorme Angst vor neuen Unruhen auf den Währungsmärkten, was den deutschen Inflationsgeiern besonders gut paßt. Die Angst vor einer neuen Währungskrise ist das beste Druckmittel, um die übrigen europäischen Partner unter deutscher Kontrolle zu halten.

Das EWS war eine Bedrohung für die Buba, weil es eine »weiche« Rutschbahn in Richtung einer sozusagen »harten« EWU bildete. Dies konnte nach Meinung der Deutschen nichts anderes bedeuten, als daß der Rest Europas den Vertrag von Maastricht nicht ernst nahm. Betrachtet man die Art und Weise, in der fast alle europäischen Politiker im Jahre 1996 dem strikten Befolgen der Normen von Maastricht Lippenbekenntnisse erwiesen, dann hat die Krise im EWS dies geändert. Der Vertrag soll nach den Buchstaben des Gesetzes erfüllt werden, so haben die Deutschen entschieden. Und wenn es dann noch Zweifel gibt, dann soll er nach dem deutschen Sinn des Gesetzes interpretiert werden. Wer an politische Lösungen für die »weichen« Währungen glaubt, der glaubt an Märchen. Dadurch, daß sie 1992 keinen Finger für das Pfund und die Lira krumm gemacht hat, hat die Buba klar demonstriert, welch eine Art Europa ihr vor Augen schwebt: ein Europa mit zwei Geschwindigkeiten. Die neue europäische Währung darf zwar Euro heißen, in der Praxis wird es jedoch eine Pseudo-Mark sein. Und nur jene, die den deutschen Zug folgen können, werden daran teilnehmen.

Tabelle 2: Aufstieg und Fall des EWS

Gute Zeiten ...	
Juni 1989	Spanien tritt dem EWS bei
Oktober 1990	Das Vereinigte Königreich tritt dem EWS bei
	Norwegen kündigt Koppelung an den ECU an
April 1991	Schweden kündigt Koppelung an den ECU an
Juni 1991	Finnland kündigt Koppelung an den ECU an
April 1992	Portugal tritt dem EWS bei
Juni 1992	Zypern kündigt Koppelung an den ECU an
... schlechte Zeiten	
November 1991	Finnland wertet die Markka ab
September 1992	Finnland läßt die Markka schweben
	Italien wertet die Lira ab und steigt kurz darauf aus dem EWS aus
	Das Vereinigte Königreich steigt aus dem EWS aus
	Spanien wertet die Peseta um 5% ab
November 1992	Schweden läßt die Krone schweben
	Spanien und Portugal werten ihre Währungen um 6% ab
Dezember 1992	Norwegen läßt die Krone schweben
Januar 1993	Irland wertet sein Pfund um 10% ab
Mai 1993	Spanien wertet die Peseta um 8% ab
	Portugal wertet den Escudo um 6,5% ab
August 1993	EWS-Schwankungsmargen werden auf 15% erweitert (Die Niederlande behalten ihre alten Schwankungsmargen mit der D-Mark)
März 1995	Spanien wertet die Peseta um 7% ab
	Portugal wertet den Escudo um 3,5% ab

Quelle: Temperton Paul, The European Currency Crisis

4. Tod den Spekulanten

»When speculators profit, the authorities have failed in some way or another. But they don't like to admit failure; they would rather call for spectators to be hung from lampposts than to engage in a little bit of soul-searching«.
George Soros, Soros on Soros

Im Januar 1994, als allmählich wieder Ruhe auf den europäischen Wechselmärkten einkehrte, nahm die amerikanische Wirtschaftszeitschrift *Forbes* in einem bemerkenswerten Editorial die Verteidigung der Spekulanten auf. »Gouverneur Trichet von der Banque de France würde nichts lieber tun, als die Spekulanten zur Guillotine schicken«, schrieb Sir Alan Walters, ehemaliger Berater von Margaret Thatcher und Direktor von AIG Trading in Washington. »Wir dagegen denken, daß sie zu Nationalhelden erhoben werden sollten. Sie beweisen der Öffentlichkeit einen enormen Dienst, indem sie die Fehler von Regierungen und Zentralbanken korrigieren.« Walters sagte in dem Artikel ebenfalls voraus, daß die europäischen Politiker im Laufe des Jahres 1994 versuchen würden, das alte EWS in irgendeiner Form wiederherzustellen. »Es wird in Zukunft noch mehr als genug Gelegenheiten für Spekulanten geben«, schrieb Walters.

Würde der Untergang des EWS den europäischen Politikern eine Lehre sein? Ja, sagte die *Financial Times* vorher. Am 30. April 1993 – also noch bevor das EWS aus den Fugen geriet – schrieb die Zeitung, daß die europäischen Bürokraten und Zentralbanker »ein bißchen weiser, aber vor allem bescheidener« geworden seien, dank den verschiedenen Untersuchungen hinsichtlich der Ursachen der Septemberkrise. Nichts schien den Optimismus der Zeitung jedoch zu stützen. Walters bemerkte kurz nach dem Erscheinen des Artikels, daß die Eurokraten und Zentralbanker vielleicht besser informiert, aber auf keinen Fall weiser seien. Dies zeigten vor allem die offiziellen Reaktionen auf die Septemberkrise. Als die Briten im September 1992 notgedrungen aus dem EWS aussteigen mußten, wiesen sie zurecht auf die »Bruchlinien« im EWS, um ihre Kapitulation zu rechtfertigen. Den Briten zufolge war die Verteidigung des Pfundes nicht nur nicht machbar, sondern unvereinbar mit der nationalen wirtschaftlichen Situation im Vereinigten Königreich.

Europa war jedoch anderer Meinung. Der offizielle Bericht des Komitees der Zentralbankgouverneure, der am 22. Mai 1993 veröffentlicht wurde, kam zu dem Ergebnis, daß das EWS keine grundlegenden Fehler aufwies. »Wir haben das System mit der Lupe untersucht und keine einzige Bruchlinie gefunden«, sagte Wim Duisenberg, Vorsitzender der Zentralbank der Niederlande. »Wir können die bestehenden Regeln beibehalten«, fügte der Gouverneur der belgischen Nationalbank, Alfons Verplaetse, hinzu. Es sah danach aus, daß die europäischen Politiker und die Zentralbanker ihre Lektion noch immer nicht gelernt hatten.

Die Macht der Spekulanten

Auch die G10 und der IWF führten eine genaue Untersuchung der Ereignisse während der Septemberkrise durch, und es war kein Zufall, daß ihre Schlußfolgerungen etwas weniger optimistisch waren. Aus den Berichten beider Institute ging unter anderem hervor, daß die Aufgabe der Bank of England während des Angriffs auf das britische Pfund fast unmöglich zu lösen gewesen war. Das große Problem sei die immense finanzielle Feuerkraft der internationalen Währungsspekulanten gewesen – eine Feuerkraft, die ironischerweise kurz vor der Krise noch durch die europäische Einigung verstärkt wurde.

Wenn Spekulanten eine schwache Währung angreifen – »Münze trietzen« nannte es die Finanzpresse 1992 –, dann leihen sie Riesenbeträge in dieser Währung. Anschließend verkaufen sie die schwächere Währung für eine stärkere Währung und legen den Gewinn der Wechseltransaktion in der stärkeren Währung an. Wenn die schwächere Währung, wie erwartet, an Wert verliert, können die Spekulanten ihr in der stärkeren Währung angelegtes Geld anschließend zu einem vorteilhafteren Kurs erneut in die schwächere Währung umtauschen. Den Kursunterschied, der eine Folge der Abwertung ist, stecken sie als Gewinn ein. Da solche Transaktionen oft mit geliehenem Geld erfolgen, kann der Ertrag dank des »Leverage-Effekts« enorm hoch sein. Nehmen wir zum Beispiel einen Spekulanten mit einer Kriegskasse von 1 Milliarde Pfund. Oft kann ein solcher Spekulant bei einer Bank kurzfristig noch einmal 9 Milliarden Pfund leihen. Das macht zusammen eine gewaltige Feuerkraft von 10 Milliarden Pfund. Der Spekulant tauscht diese 10 Milliarden Pfund auf dem Wechselmarkt gegen D-Mark und legt diese Summe in D-Mark kurzfristig fest. Und dann wartet er geduldig, bis sein Opfer zusammenbricht. Wenn das Pfund um 10 Prozent abgewertet wird, tauscht der Spekulant seine D-Mark wieder um in Pfund, zu einem Kurs, der 10 Prozent günstiger ist. Er bekommt also 11 Milliarden Pfund wieder. Er zahlt damit seine geliehenen 9 Milliarden Pfund zurück und behält 2 Milliarden Pfund übrig. Sein Gewinn: 1 Milliarde Pfund oder 100 Prozent. Nicht schlecht für einige Tage harter Arbeit und ein paar schlaflose Nächte.

Das Perverse an solch spekulativen Transaktionen ist, daß sie sich selbst nähren. Im obengenannten Beispiel verkauft ein Spekulant geliehene Pfund, in der Hoffnung, daß die Währung abgewertet wird. Durch den Einfluß, den seine Verkaufsorder auf den Währungsmarkt hat, trägt er selbst zum Druck auf das Pfund bei. In der Praxis bedeutet dies, daß die Spekulanten meistens gewinnen, wenn sie nur über ausreichende finanzielle Feuerkraft verfügen. Die Zentralbanker können das Blatt wenden, indem sie die ins Visier geratene Währung massenhaft aufkaufen. Um dies zu tun, brauchen sie jedoch ausreichende Währungsreserven. Anfang 1992, kurz bevor die Krise im EWS ausbrach, verfügten die europäischen Zentralbanken dem Internationalen Währungsfonds zufolge über Währungsreserven in Höhe von 275 Milliarden Dollar. Ein Klacks im Vergleich zu den 1.000 Milliarden Dollar, die täglich auf den Währungsmärkten im Umlauf sind. Die *Financial Times* schrieb Mitte 1993, daß alle institutionellen Anlagefonds der Welt zusammen etwa 14.000 Milliarden Dollar verwalten. Geld, das sie zu jedem Moment des Tages verwenden können, um schnell zuzuschlagen, wenn sie Lunte riechen. Die einzig verbleibende Alternative für einen Zentralbanker, der seine Reserven fast verbraucht hat, ist eine Anhebung der kurzfristigen Zinsen. Dadurch wird es für die Spekulanten teurer, die ins Visier genommene Währung zu leihen. Eine Anhebung des Zinssatzes dreht jedoch gleichzeitig der nationalen Wirtschaft den Hals um, weshalb Zentralbanker diese Strategie oft schon nach einigen Tagen aufgeben müssen.

Die Zentralbanker hatten es ihren Gegnern kurz vor der Krise durch die Liberalisierung des innereuropäischen Kapitalverkehrs übrigens ein Stück einfacher gemacht. Vor der Einführung des Binnenmarktes benötigten große Unternehmen oft Genehmigungen, um große Beträge einer Währung in eine andere Währung umzutauschen. Viele Länder agierten mit einem doppelten Wechselmarkt mit unterschiedlichen Kursen für kommerzielle und spekulative Transaktionen. Deshalb war es für die Währungsspekulanten schwieriger, die grundlegenden Ungleichgewichte zwischen den diversen Währungen auszubeuten. Mit der Einführung des Binnenmarktes stand es jedem Spekulanten der Welt frei, nach Herzenslust egal welche europäische Währung zu kaufen oder zu verkaufen. Mit allen entsprechenden Folgen.

Die größer gewordene finanzielle Feuerkraft der Spekulanten war im Jahre 1992 nicht der einzige Faktor, der dem EWS zusetzte. Das System trug schon lange die Keimzelle des eigenen Untergangs in sich. Die finanzielle Sintflut, die schließlich zum Zusammenbruch des EWS im August 1993 führte, wurde nicht nur durch professionelle Währungsspekulanten ausgelöst, sondern auch durch Unternehmen und kleine Anleger, die in den vorangegangenen Jahren alle die enormen Gewinnmöglichkeiten der schwachen europäischen Währungen kennengelernt hatten. Spekulanten wie Soros betätigten den Abzug, aber es waren die einzelnen Anleger, die sogenannten »Belgian dentists«, die auf italienische Obligationen versessen waren, die dem EWS sein Grab gegraben hatten.

Obwohl das EWS Ende der achtziger Jahre auf den ersten Blick ein ruhig dahinfließendes Bächlein zu sein schien, verbargen sich unter der Oberfläche grundlegende Probleme. Das Verschwinden der Flexibilität des EWS hatte das System in eine große Spielbank verwandelt, wo man als Anleger nur noch gewinnen konnte. Alan Walters erkannte das Problem als einer der ersten und formulierte dies in der sogenannten Walters-Kritik. Er bemerkte, daß die europäischen Staaten mit einer zu hohen Inflation – wie Italien und Spanien – durch den Markt gestraft werden sollten. Der daraus resultierende Druck auf ihren Wechselkurs würde die Währungsbehörden in diesen Ländern zu einer restriktiven Währungspolitik zwingen. Dies würde zu höheren Zinsen führen, die wiederum die Wirtschaft abkühlen würden. Die auf der Hand liegende Folge sei ein Sinken der Inflation, wodurch die schwächere Währung automatisch aufgewertet würde.

Dies war die Art und Weise, wie das System eigentlich funktionieren sollte. Es war aber nicht die Wirklichkeit, wie Walters bemerkte. Das Problem war die Fiktion der Europäischen Währungsunion. Dadurch waren weltweit die Anleger und Spekulanten davon überzeugt, daß die EWS-Paritäten nach Maastricht nicht mehr angepaßt würden. Die Folge war eine Art *free lunch*, der internationale Anleger anzog wie Falter das Licht, denn wegen der höheren Inflationserwartungen bekam man als Anleger höhere Zinsen auf italienische und spanische Obligationen als auf deutsche oder belgische. Zur gleichen Zeit versicherten die europäischen Zentralbanker jedoch, daß die italienische Lira und die spanische Peseta nicht – oder doch so wenig wie möglich – devaluieren würden. Obwohl beide Währungen grundsätzlich schwach waren, war von seiten der Anleger die Nachfrage denn auch sehr groß. Dies führte wiederum dazu, daß sie sich unnatürlich stark auf den Währungsmärkten behaupteten.

Das Anlegen in Obligationen in »schwachen« europäischen Währungen – Volkswirte nennen dies den »convergence trade« – wurde Anfang der neunziger Jahre zum Lieblingssport der Kleinanleger. Professionelle Trader taten dies bereits seit 1980, zehn Jahre später taten es jedoch alle. Im Jahre 1989 beschloß das amerikanische Investitionsunternehmen Alliance Capital sogar die Einrichtung eines speziellen Anlagefonds, der amerikanischen Anlegern die Möglichkeit bieten sollte, ebenfalls in den Genuß der »risikolos« hohen Zinssätze in Italien und Spanien zu kommen. Merrill Lynch, Kemper und andere Häuser folgten kurz darauf mit vergleichbaren Produkten. Der »convergence trade« wurde zu einem *free lunch*, von dem jeder wußte. Aber jeder Finanzanalytiker weiß: *free lunches* gibt es nicht für immer.

Das Kartenhaus stürzte ein, als das dänische »Nein« den risikolosen Charakter des »convergence trade« untergrub. Die ersten, die in Massen zum Spurt in Richtung Ausgang ansetzten, waren die riesigen amerikanischen Multinationals, die im Laufe der achtziger Jahre immer mehr vom »convergence trade« profitiert hatten. Anstatt ihre Überschüsse sofort auf dem Währungsmarkt in italienische Lira oder spanische Peseten festzulegen, hatten sie lieber etwas länger von den hohen Zinsen profitiert, die diese Währungen erbrachten. Sobald sich jedoch die Gewitterwolken über Maastricht zusammenzogen, waren die Multinationals die ersten, die sich ihrer Pfunde, Liras und Peseten entledigten. Keiner dieser Konzerne wollte ja gezwungen werden, seinen Aktionären erklären zu müssen, daß sie mit Spekulationen in Europa Geld verloren hätten. Den Multinationals folgten die spezialisierten Anlagefonds, wie zum Beispiel der von Alliance. In ihrer kurzen Existenz hatten sie bereits mehr als 300 Milliarden Dollar in den »convergence trade« investiert. Das Umkehren dieser Transaktionen war ausreichend, um die Finanzmärkte ernsthaft zu gefährden. Als zuletzt die Spekulanten auf den Zug aufsprangen, war das Schicksal der schwachen europäischen Währungen schon lange besiegelt.

Die Fabel von den überflüssigen Wechselkursen

Wie die Kritik von Walters zeigt, war es der Verlust seiner Flexibilität, der das EWS schließlich fertig machte. Ohne diese Flexibilität war das System wirtschaftlich nicht tragbar. Die europäischen Politiker gingen davon aus, daß sie in Maastricht nur mit ihren Fingern zu schnippen brauchten, um alle europäischen Währungen mit einem Male aneinander zu koppeln. Daß es auch nach Maastricht zwischen den europäischen Mitgliedstaaten Unterschiede in Inflation, Wirtschaftswachstum und Grad der Verschuldung geben würde, schien überhaupt nicht von Belang zu sein. Daß diese Unterschiede auf die eine oder andere Art und Weise an die Oberfläche kommen würden, war tabu. Die EWU war plötzlich zur Ehrensache geworden. Die wirtschaftliche Realität mußte dem weichen, was Politiker den europäischen Traum nannten. Daß die deutschen Zinsen 1992 auf das höchste Niveau seit 1948 gestiegen waren, während das Vereinigte Königreich im gleichen Augenblick eine Rezession durchlebte und es dem Rest Europas auch nicht sehr gut ging, schien unwichtig. Der politische Wille würde die wirtschaftliche Realität zweifellos besiegen. Die Märkte entschieden diesbezüglich jedoch anders.

Die offiziellen Reaktionen auf die Währungskrise illustrieren sonnenklar, wie die europäischen Politiker die wirtschaftliche Realität verdrehten, um zu beweisen, daß sie recht hatten. Mehrere Politiker führten den Zusammenbruch des EWS als Beweis für die Notwendigkeit der EWU an. Ein flexibles EWS reiche nicht aus, behaupteten sie. Die EWS-Krise hätte ja bewiesen, daß ein solches System gekippt werden konnte. Was Europa brauche, sei eine echte Währungsunion mit einer einzigen Währung. Eine Währungsunion, gegen die man nicht spekulieren könne. Was derartige Erklärungen »vergessen«, ist, daß das EWS – trotz seiner Fehler – jahrelang entsprechend funktionierte. Erst als die Aussicht auf Maastricht die Flexibilität des Systems untergrub, wurde das EWS zu einer gefährlichen wirtschaftlichen Zeitbombe und gleichzeitig zu einer Gratis-Spielbank. Wir wiederholen es noch einmal: Es war nicht die Flexibilität, die dem EWS den Garaus machte, sondern der Verlust dieser Flexibilität.

Die Moral der EWS-Krise lautet, daß das Streben nach der EWU für viele Länder nicht mit den nationalen wirtschaftlichen Nöten zu vereinbaren war. Wie hart die Politiker auch versuchen, das Gegenteil zu beweisen, schließlich sind es doch immer diese Nöte, die die Oberhand erhalten. Wer die untenstehende Grafik genau betrachtet, wird sofort begreifen, warum Sir Alan Walters Anfang 1994 den Vorschlag machte, die gehaßten Währungsspekulanten zu Nationalhelden zu erklären. Seit George Soros und seine Kollegen den Briten im September 1992 den Dienst erwiesen hatten, das Pfund aus dem EWS zu werfen, ist die Arbeitslosigkeit im Vereinigten Königreich von über 10 Prozent auf 6,1 Prozent gesunken. In Frankreich stieg die Arbeitslosigkeit im gleichen Zeitraum von 10,5 Prozent auf 12,8 Prozent.

Abbildung 2: Soros, der Nationalheld des Vereinigten Königreichs

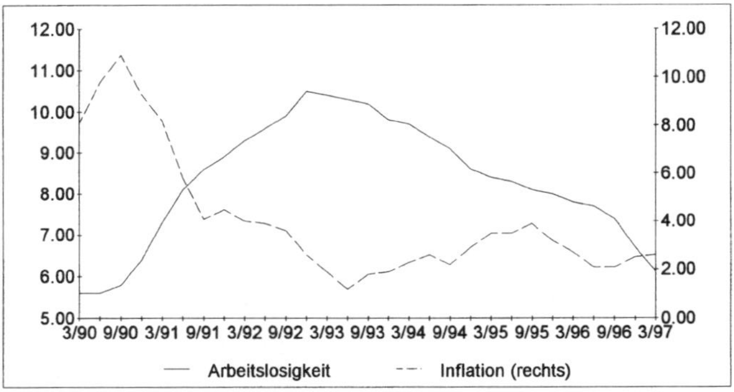

Inflation und Arbeitslosigkeit im Vereinigten Königreich (vierteljährliche Zahlen 1990–1997)

Quelle: Bloomberg

Trotz der offensichtlichen Vorteile der britischen Abwertung hielten die europäischen Zentralbanker nach August 1993 stur an ihrer Politik der harten Währung fest. Die französische Entscheidung, das Zusammenbrechen des EWS zu mißachten und die Politik des »Franc fort« beizubehalten, kostete Frankreich Blut, Schweiß und Tränen, aber die Politiker blieben stur. Für Belgien gilt die gleiche Geschichte. Warum müssen Finanzanalytiker im Jahre 1997 überall auf der Welt feststellen, daß die europäischen Politiker keine einzige Lehre aus der EWS-Krise gezogen haben? Weil die Politiker erneut verkünden, daß der Euro kommen wird, einzig und allein, weil sie es so entschieden haben. Und wieder gibt es niemand, der auch nur einen Augenblick den noch immer bestehenden enormen wirtschaftlichen Unterschieden zwischen den einzelnen europäischen Partnern seine Aufmerksamkeit schenkt. Die Zentralbanker bleiben dabei, daß es im Vertrag von Maastricht keine Bruchlinien gibt und daß die Politiker sich auf das Herumstreiten über die Schuldnormen des Vertrages beschränken. Als ob einheitliche Grenzwerte für ein laufendes Defizit, Staatsschulden und Inflation ausreichend sind, um eine wirtschaftlich so unterschiedliche Landschaft wie Europa unter einer Währung zu vereinen. Es ist ganz klar, daß Europa nichts aus der EWS-Krise der Jahre 1992 und 1993 gelernt hat.

Aus dem einen oder anderen Grund ist Flexibilität nach Auffassung der europäischen Politiker und Zentralbanker ein schmutziges Wort. Zu Unrecht, wie es Lawrence B. Lindsey – einer der Gouverneure der amerikanischen Federal Reserve Bank – am 9. Mai 1996 bei einem Vortrag seinen europäischen Kollegen zu erklären versuchte. Die europäischen Bürger sind vom Glauben durchdrungen, daß das Bestehen verschiedener europäischer Währungen nicht mehr ist als ein ökonomisches Durcheinander, eine Art

Barriere, die einfach mit dem Ziel hochgezogen wurde, den Bankern fette Wechselprovisionen zu verschaffen. Nichts ist jedoch weniger richtig. Sowie Lindsey es in seinem Vortrag verdeutlichte, haben Wechselkurse einen wichtigen wirtschaftlichen Nutzen. »In jeder dynamischen, modernen Wirtschaft gibt es beim wirtschaftlichen Output regionale Unterschiede«, sagte Lindsey. »Diese Unterschiede können durch zeitlich begrenzte Faktoren verursacht werden, weshalb verschiedene Regionen sich zu einem bestimmten Zeitpunkt in verschiedenen Stadien des *business cycle* befinden können. Es können aber auch strukturelle Unterschiede sein, als Folge eines Leistungsunterschiedes der wichtigsten Industrien in verschiedenen Regionen. Es ist ein natürliches Ziel der Wirtschaftspolitik, dafür zu sorgen, daß solche Unterschiede sich selbst korrigieren. Man will mit anderen Worten dafür sorgen, daß es automatische Stabilisatoren gibt, die die Wirtschaft in Regionen, in denen es schlecht geht, stimulieren und sie in anderen Regionen, in denen es besser läuft, bremsen.« Die herausragendsten Wirtschaftsstabilisatoren hierfür sind nach Lindseys Meinung die Wechselkurse und Zinssätze.

Warum muß erst ein amerikanischer Zentralbanker daherkommen, um den Europäern zu erklären, daß Wechselkurse nicht einfach ein überflüssiges Durcheinander sind? Die Antwort liegt ganz eindeutig auf der Hand, und sie ist gleichzeitig ein Skandal, weil die europäischen Politiker in den vergangenen Jahren alles daran gesetzt haben, die europäischen Bürger von dem Märchen zu überzeugen, daß eine einheitliche europäische Währung ein wirtschaftlich erstrebenswertes Ziel sei. Um ihr politisches Projekt gelingen zu lassen, haben die Politiker den Mythos der überflüssigen Wechselkurse geschaffen.

Nehmen wir einmal das vereinfachte Beispiel der Länder A und B. Beide Länder sind wichtige Handelspartner, und sowohl Güter als auch Kapital können sich frei zwischen beiden Ländern bewegen. Aus einem nicht näher genannten Grund gerät Land A zu einem bestimmten Zeitpunkt in eine wirtschaftliche Rezession. Infolgedessen sinkt im Land A das Bruttoinlandsprodukt ebenso wie die Nachfrage nach Geld. Durch die sinkende Nachfrage nach Geld werden auch die Zinsen im Land A sinken. Während einer Rezession wird ja weniger auf Kredit gekauft, und auch Unternehmen werden in Zeiten einer Rezession weniger Geld für Investitionen leihen. In genau diesem Augenblick beweist der Wechselkurs zwischen A und B seinen Nutzen. Durch die niedrigeren Zinsen im Land A werden internationale Anleger weniger Geld im Land A als im Land B anlegen. Denn im Land B bekommen sie ja höhere Zinsen für ihre Anlagen. Dadurch sinkt die Nachfrage nach der Währung von Land A und sinkt ihr Kurs gegenüber der Währung von Land B. Der niedrigere Kurs hat jedoch zur Folge, daß Güter, die im Land A hergestellt werden, in der Währung von Land B billiger werden. Infolge dieses Preisvorteils wird Land A seinen Export nach Land B steigern können. Diese Exportsteigerung verursacht einen wirtschaftlichen Impuls für Land A, wodurch dieses Land aus der Rezession herauskommt.

Wenn Land A und B jetzt eine Währungsunion bilden, dann brauchen sie auch den gleichen Zinssatz. Dies bedeutet, daß die Zinsen im Land A nicht unter den Zinssatz im Land B sinken können. Die Folge ist ein zu hoher Zinssatz im Land A, wodurch dieses Land seine Wirtschaft nicht ankurbeln kann. Das Fehlen eines Wechselkurses bedeutet außerdem, daß Land A seine Produkte nicht billiger anbieten kann als Land B. Mit welcher Folge? Anhaltendes wirtschaftliches Elend für die Bewohner von Land A. Elend, das nur durchbrochen werden kann, wenn die Bewohner von B eine Anstrengung unternehmen, um ihre Nachbarn im Land A zu unterstützen. Die Alternative? Ein Loskoppeln des Wechselkurses zwischen beiden Ländern.

Das oben angeführte Beispiel mag vielleicht etwas theoretisch klingen. Es wird jedoch ein ganzes Stück realistischer, wenn wir die Zeit bis zum Sommer 1991 zurückdrehen und Land A und B ersetzen durch das Vereinigte Königreich bzw. Deutschland. Der britische und deutsche Index der Verbraucherpreise stiegen im August 1991 um 4,7 bzw. 4,1 Prozent. Der Wechselkurs zwischen dem Pfund und der D-Mark war innerhalb einer engen Schwankungsmarge um 2,95 D-Mark für ein Pfund festgelegt. Auf den ersten Blick war gar nicht soviel los. Aus wirtschaftlicher Sicht gab es jedoch enorme Diskrepanzen. Die britische Arbeitslosigkeit lag im August 1991 bei 8,4 Prozent. Im damaligen Westdeutschland lag sie zum gleichen Zeitpunkt bei 5,7 Prozent. Die Wirtschaft in Westdeutschland wuchs im Sommer 1991 mit einem Tempo von 3,8 Prozent, während die Briten im gleichen Sommer eine Rezession mit einem negativen Wirtschaftswachstum von 2,2 Prozent durchmachten. Ein Jahr später stellte sich heraus, daß der Wechselkurs des Pfundes unhaltbar war.

Obwohl sie ihm zweifellos neues Leben eingehaucht haben, sind die europäischen Politiker nicht die einzigen, die an dem Mythos der überflüssigen Wechselkurse schuldig sind. Die Währungsgeschichte der Nachkriegszeit strotzt vor ehrgeizigen Aussagen über das Koppeln der Wechselkurse zur größeren Ehre und zum Ruhm der Stabilität. »Das System von Bretton Woods wird die Händler aus dem Tempel des internationalen Finanzsystems vertreiben«, sagte der damalige amerikanische Finanzminister Henry Morgenthau im Jahre 1944, nach Beendigung der Konferenz von Bretton Woods. Das Abkommen, das in Bretton Woods vereinbart wurde, bildete die Grundlage für das Finanzsystem der

Nachkriegszeit. Bretton Woods bereitete dem Goldstandard, dem starren System von festen Wechselkursen, das sich in den zwanziger und dreißiger Jahren als unhaltbar erwiesen hatte, ein Ende. Das neue System beruhte auf dem Dollar. Alle anderen Währungen bekamen einen festen Kurs zum Dollar, der nur mit Zustimmung des IWF geändert werden konnte. Der Dollar selbst stellte eine Verpflichtung der Vereinigten Staaten dar, ausgedrückt in Gold, zu einem festen Kurs von 35 Dollar pro Unze Gold. Einseitige Abwertungen waren nicht erlaubt. Das System von Bretton Woods war also zugleich fest und flexibel. Das war notwendig, wie der britische Volkswirt Lord Keynes nachdrücklich betont hatte, um strukturelle Ungleichgewichte aus der Welt zu schaffen. Der politische Widerwille sorgte jedoch dafür, daß das System »verkalkte«, um es mit den Worten von Sir Alan Walters zu sagen. Die Politiker wehrten sich gegen Paritätsanpassungen, und im Jahre 1971 ging das System von Bretton Woods unter.

Als 1978 das EWS das Licht der Welt erblickte, waren die europäischen Politiker davon überzeugt, daß sie die Fehler von Bretton Woods nicht wiederholen würden. Das EWS sollte zugleich stark und flexibel sein. Stark genug, um die wirtschaftliche und monetäre Stabilität in Europa zu garantieren, aber auch in ausreichendem Maße flexibel, um wichtige wirtschaftliche Ungleichgewichte zwischen den europäischen Partnern auszugleichen. In den ersten Jahren seines Bestehens funktionierte das EWS ordentlich, und die Paritäten wurden regelmäßig in Absprache mit allen angepaßt. Allmählich verkalkte das System jedoch immer mehr. Zwischen den ernsthaften Wechselkursspannungen im Jahre 1983 und der Verschärfung der Regel im Jahre 1987 wurden die Paritäten innerhalb des EWS nur dreimal angepaßt. Danach begann eine Periode außergewöhnlicher Stabilität. Die Politiker waren im siebten Himmel. Was sie jedoch nicht sahen, war, daß die Stabilisierung des EWS kein Beweis dafür war, daß das System funktionierte, sondern daß sie im Gegenteil zu seinem Untergang führte.

Die EWS-Paritäten blieben nach 1987 so gut wie unverändert, weil die Politiker dies so entschieden hatten, und nicht, weil die Gesetzmäßigkeiten der Volkswirtschaftslehre dies so verlangten. »Es war keine ökonomische, sondern eine politische Entscheidung«, sagte Walters. Wenn ein Wechselkurs einmal festgelegt war, wurde er sozusagen zum heiligen Wert, der vor allen möglichen Belagerern – allen voran den gehaßten Währungsspekulanten – beschützt werden mußte. Die Anpassungen der Paritäten waren keine wirtschaftlichen Entscheidungen, sondern politische Niederlagen. Abwertung war gleich Gesichtsverlust. Diese perverse Auffassung wurde mit dem Vertrag von Maastricht noch schlimmer. Denn jetzt gab es einen Zeitplan für die EWU. Von Abwerten konnte nicht mehr die Rede sein. Als die Deutschen im Sommer 1992 zu dem Schluß kamen, daß eine Neuorientierung innerhalb des EWS notwendig war, wurden sie abgewiesen. Beim Ecofin-Gipfel in Bath wurde das Thema noch nicht einmal angesprochen. Abwertungen waren ausgeschlossen.

Die Restaurierung des EWS und die Professoren in Löwen

Warum hielten die europäischen Politiker und die Zentralbanker nach August 1993 noch immer an einem EWS fest, das in den vorangegangenen Jahren bewiesen hatte, daß es nicht länger funktionierte? Die Antwort ist wohl nur im politischen Unterbau des Systems zu finden. Aus wirtschaftlicher Sicht hatte die belgische oder französische Politik der harten Währung im Herbst des Jahres 1993 keinerlei Sinn mehr. Der französische Franc wertete in diesem Zeitraum um 5 Prozent gegenüber seinem Durchschnittskurs ab. Die dänische Krone sackte um 7 Prozent ab, und der belgische Franken sank um 5,5 Prozent. Nur der Gulden konnte sich wirklich behaupten. Soros riet den Franzosen sofort nach der Erweiterung der Schwankungsmargen des EWS, ihre Zinsen um 2 oder 3 Prozent zu senken, was ihm nicht in Dank abgenommen wurde. »Ich hätte besser nichts gesagt und Geld verdient«, sagte er später verbittert.

Die europäischen Zentralbanker senkten Ende 1993 und im Laufe des Jahres 1994 ihre Zinssätze sehr wohl, aber nur in dem Tempo, das die Buba ihnen vorschrieb. Niemand traute sich, dem britischen Beispiel zu folgen und seinen offiziellen Zinssatz unter den der Buba sinken zu lassen. In *The Rotten Heart of Europe* behauptet Bernard Connolly, daß Tietmeyer – damals noch stellvertretender Vorstandsvorsitzender – den europäischen Zentralbankern im Juli 1993 den ausdrücklichen Befehl gab, die breiteren Schwankungsmargen nicht zu »mißbrauchen«. Im Tausch dafür soll er seinen europäischen Kollegen angeblich versprochen haben, den deutschen Zinssatz zu senken, wenn er das Ruder von Schlesinger übernommen habe.

Wie dem auch sei, die Entscheidung, Ende 1993 nicht abzuwerten, und die darauffolgende Restaurierung des EWS waren erneut eine rein politische Entscheidung. Die Politiker hatten so lange behauptet, daß die EWU notwendig sei, daß sie jetzt ihre Meinung unmöglich ändern konnten, ohne dabei ihr Gesicht zu verlieren. Es war nicht die Wiederherstellung des wirtschaftlichen und monetären Gleichgewichts, sondern das Retten der eigenen politischen Karrieren, womit die europäischen Politiker im Herbst 1993 alle Hände voll zu tun hatten. Die Folgen waren nicht zu übersehen. Jetzt, wo die Politiker alle Schuld auf die gehaßten Währungsspekulanten schieben konnten, stieg die politische Demagogie auf ungekannte Höhen. Europa bewies noch einmal, zu welchen Machenschaften es auf politischer Ebene fähig ist. Aus wirtschaftlicher Sicht wurde jedoch die Grundlage für Europas Zukunft als industrieller Friedhof des 21. Jahrhunderts gelegt.

Die Art und Weise, in der der Öffentlichkeit etwas vorgegaukelt wurde, tritt nirgends deutlicher zutage als in der Diskussion über die Politik der harten Währung, die im Herbst 1993 in Belgien losbrach. Die Diskussion keimte auf in Löwen, zum Zeitpunkt des Grillfestes von Louis Baeck, Professor für Volkwirtschaftslehre. Das gesellige Beisammensein der Professoren der Universität Löwen führte zum »Manifest von Löwen«, einem Plädoyer für eine zeitlich begrenzte währungspolitische Lockerung, das von vierzehn Professoren unterzeichnet wurde. Endlich mischten sich Berufsvolkswirte in die Diskussion ein, Akademiker, von denen man erwarten konnte, daß die Gesetzmäßigkeiten der Volkswirtschaftslehre über die politischen Prioritäten stellen würden. Die politische Zusammensetzung des Professorenclubs entkräftete vorneweg jeden Verdacht der politischen Voreingenommenheit. »Es sind politisch orangefarbene, gelbe, grüne, blaue – wenn das jetzt noch so heißt – und rote Gestalten darunter«, sagte Professor Schokkaert, einer der Unterzeichner des Manifests, scherzend.

Die Kritik an dem Dokument war dennoch ohrenbetäubend. Sowohl aus der Ecke der Finanzwelt, der Politik, der Presse als auch von seiten der Akademiker wurden die Autoren des Manifests mit Kritik überhäuft. Die Herren Professoren wurden freundlich gemahnt, sich so schnell wie möglich wieder in ihren Elfenbeinturm zurückzuziehen und über politisch brisante Dossiers ihren Mund zu halten. Die Zeitschrift *Financieel Economische Tijd* fragte ironisch, ob das Manifest von Löwen nicht manifest daneben läge.

Gewerkschaftler tauften die Katholische Universität Löwen (KUL) um in Liberale Universität Löwen (LUL), und eine in der Tat hastig zusammengewürfelte Gruppe von Professoren aus Antwerpen veröffentlichte schnell ein Gegenmanifest. Sogar Tietmeyer mischte sich in die Debatte, als er die Professoren aus Löwen abfällig die löwenschen Löwen nannte (alle vierzehn Unterzeichner des Manifests waren Flamen).

Was hatten die Professoren verbrochen, daß sie die Wut des belgischen Volkes auf sich zogen? Sie hatten es gewagt, das Evangelium des belgischen Währungsorakels, Alfons Verplaetse, anzuzweifeln. Die Professoren mahnten Belgien, in der europäischen Revolte gegen die Bundesbank die Initiative zu ergreifen. Aber lassen wir die Professoren selbst zu Wort kommen:

»Die Ursachen der verminderten Nachfrage, die wir heute in Europa erleben, sind vielfältiger Art. Ein wichtiger Teil ist der Wahl der politischen Option in Europa zuzuschreiben. Diese wird erstens durch eine restriktive Haushaltspolitik gekennzeichnet, zu der sich die EG-Länder im Vertrag von Maastricht verpflichtet haben, und zweitens durch eine deflationäre Währungspolitik, die durch das deutsche Bemühen, die eigene Inflation von 4,5 auf 2 Prozent zu senken, bestimmt wird. Dieses interne deutsche Ziel zwingt Länder wie Belgien, Frankreich und die Niederlande, die eine Inflationsrate von nur 2 bis 3 Prozent haben, ebenfalls eine restriktive Währungspolitik zu führen. Diese Politik beruht im Grunde genommen darauf, daß in diesen Ländern die Inflation von etwa 2,5 Prozent noch weiter heruntergedrückt wird und daß der Preis hierfür eine steigende Arbeitslosigkeit ist. Unter den heutigen Umständen einer ungünstigen Konjunktur erscheint dieser Preis zu hoch. Die restriktive Politik sollte deshalb auf Währungsebene angepaßt werden. Die heutige Krise im EWS und die Lockerung der Wechselkursdisziplin bieten die Chance, diese Anpassung zu verwirklichen.«

Was die Professoren in Löwen vorschlugen, war, daß die belgische Zentralbank die Zinsen senken würde, um die Wirtschaft anzukurbeln. Und wie reagierte Verplaetse auf diesen Vorschlag? In einem Interview, das die belgische Ausgabe der Zeitung *Financieel Economische Tijd* am 1. September 1993 veröffentlichte, widersprach er den Volkswirten aus Löwen, indem er sie ganz einfach samt den wirtschaftswissenschaftlichen Grundsätzen, die ihrem Rat zugrundelagen, zur Schnecke machte. »Erfahrungen in den Vereinigten Staaten und Japan zeigen, daß die Währungspolitik kein ausreichendes Instrument ist, um den konjunkturellen Aufschwung anzukurbeln, so wie sie auch keine bleibenden Arbeitsplätze schaffen kann«, sagte Verplaetse. Woher holt ein weiser Mann wie Verplaetse einen solchen Unsinn? Die Entwicklung der Arbeitslosigkeit im Vereinigten Königreich, worüber wir bereits sprachen, zeigt sonnenklar, welch positive Auswirkung niedrigere Zinssätze und eine billigere Währung auf die Arbeitslosigkeit haben können. Und für die Vereinigten Staaten gilt die gleiche Geschichte. Dank der sich anpassenden Politik der Federal Reserve Bank ist die amerikanische Arbeitslosigkeit seit dem Tiefststand der Rezession im Sommer des Jahres 1992 von über 7,5 Prozent auf unter 5,4 Prozent gesunken. Die belgische Nationalbank, die nicht wußte, wie sie auf die aus wirtschaftswissenschaftlicher Sicht gültigen Argumente der Professoren aus Löwen reagieren sollte, schrieb die Volkswirtschaftslehrbücher einfach neu. Fortan sollten niedrigere Zinsen nicht länger zu verstärkter wirtschaftlicher Aktivität führen – oder zumindest nicht in Belgien.

Alles in allem war es jedoch nicht der Hauptgedanke des Manifests von Löwen, der den Professoren die meiste Kritik einbrachte. Was der Öffentlichkeit vor allem in den falschen Hals geraten war, waren die Begleitmaßnahmen, die nach Meinung der Professoren notwendig seien, wie zum Beispiel Strukturreformen in den Bereichen Arbeitsmarkt und soziale Sicherheit. Vor allem aber sollte der belgische Lohnindexierungsmechanismus zumindest vorübergehend außer Kraft gesetzt werden. Es war diese für die Gewerkschaften nicht akzeptable Maßnahme, die manchen dazu brachte, die KUL (Katholische Universität Löwen) spöttisch LUL zu nennen. *[Anm. des Übersetzers: »lul« ist im Niederländischen/Flämischen ein vulgärer Ausdruck für das männliche Geschlecht].*

Die Diskussion über das Manifest von Löwen illustrierte sonnenklar, was die belgische Zentralbank im Jahre 1993 antrieb: nichts als Politik. Übrigens gab Verplaetse dies in dem bereits erwähnten Interview der Zeitung *Tijd* sogar mehr oder weniger offen zu. Auf die Frage nach den Vorteilen seiner Politik der harten Währung führte der Gouverneur der belgischen Nationalbank drei Argumente an. Zuerst sei die Beschränkung der Kosten mit schwebenden Wechselkursen verbunden. Dies ist das Standard-pro-EWU-Argument, das wir bereits mehrmals in Frage gestellt haben. Argument zwei und drei waren jedoch um einiges enthüllender, wenn es darum geht zu entdecken, was die Triebfeder der belgischen Währungspolitik ist.

Nach Meinung von Verplaetse sollte Belgien wegen der »starken Verbindung zwischen Wechselkursen und inländischer Inflation« an einem starken Franken festhalten. Diese Verbindung sei in Belgien stärker, weil die offene Wirtschaft dafür sorge, daß Änderungen bei den Einfuhrpreisen sich schnell in einen Anstieg der inländischen Preise äußerten. Dieser Effekt würde außerdem noch durch den automatischen Lohnindexierungsmechanismus verstärkt, gab Verplaetse zu. Und damit sind wir beim Kernpunkt der Diskussion. Der belgische Franken durfte nicht abgewertet werden, weil ein starker Franken das einzige Mittel ist, um diesen politisch wichtigen Mechanismus instand zu halten.

Durch die Lohnindexierung würde eine Abwertung des belgischen Franken zu einem Anstieg der Inflation führen. Und dies ist in den Augen der belgischen Politiker wiederum das Schlimmste, was Belgien passieren kann. Eine höhere Inflation bedeutet ja höhere Zinssätze, wodurch die Regierung mehr Zinsen für ihre immensen Staatsschulden zahlen muß. Das klingt logisch, ist es aber nicht. Das britische Beispiel macht deutlich, daß eine Abwertung nicht immer zu einem Anstieg der Inflation führen muß. Wer sich noch einmal die vorherige Grafik ansieht, wird feststellen, daß die britische Inflation nicht stark anstieg, nachdem das Pfund im September 1992 das EWS verlassen hatte. In Anbetracht der hohen Arbeitslosigkeit, der niedrigen inländischen Nachfrage und der Unterbesetzung der verfügbaren Kapazität ist die Chance, daß sich in Belgien ein vergleichbares Szenario abgespielt hätte, groß.

Aber sogar wenn eine Abwertung zu einem Anstieg der Inflation führen würde, ist es noch immer die Frage, ob dies den Staatsfinanzen wesentlich schaden würde. Was für die Finanzierung der Staatsschulden wichtig ist, ist der Realzins oder die Differenz zwischen Nominalzins und Inflation. An sich ist eine Inflation für die Staatsfinanzen überhaupt kein Problem, weil sie nicht nur die Zinslast, sondern auch die Einnahmen des Staates steigen läßt. Wer verliert denn bei einer Inflation? Die Rentner und die Banken, die ihr Vermögen in belgischen Staatsobligationen angelegt haben. Dies erklärt auch sofort, warum die belgischen Banken so schnell dabei waren, das Manifest von Löwen zu zerfetzen. Die belgischen Banker haben 40 Prozent der belgischen Staatsschuld in den Händen und scheuen wie das Feuer das Wasser jeden Anstieg der Inflation, der den Wert ihrer Portefeuilles beeinflussen könnte.

Obenstehende Überlegung entkräftet auch sofort das oftgenannte Argument für einen starken Franken, das die Banker selbst in die Welt gesetzt haben. Ihrer Meinung nach würde eine Abwertung das Vertrauen der internationalen Anleger in den Franken untergraben. Das mag sein, aber wen kümmert's? Die belgischen Staatsschulden werden im eigenen Land durch die Banker und Rentner finanziert und nicht an der Wall Street oder in London. Schließlich kam heraus, worum sich alles drehte: das Zufriedenstellen der zwei wichtigsten Säulen in der Welt der belgischen Politik, und das sind die Gewerkschaften und die Rentner. An einem starken Franken durfte nicht gerüttelt werden, weil eine Abwertung beide Gruppen in Bedrängnis gebracht hätte. Der starke Franken ist der Unterbau der Position Belgiens als »das Paradies für die Rentner, aber die Hölle für die Unternehmer«.

Verplaetse nannte übrigens noch ein drittes Argument für seine Politik, das schon genauso politisch belastet und nicht weniger verächtlich war: Der starke Franken sei notwendig, um die belgisch-luxemburgische Währungsunion aufrechtzuerhalten. Der damalige luxemburgische Premierminister Santer gab bereits im Juni 1993 zu verstehen, daß sein Land darüber nachdenke, die Koppelung seiner Währung an den belgischen Franken abzubrechen. Die Luxemburger hatten die Abwertung von 1982 noch nicht vergessen, als Belgien ihnen die Pistole auf die Brust gesetzt hatte. Noch eine solche Aktion, und die Belgier könnten die Zusammenarbeit mit den Luxemburgern vergessen. Durch den wichtigen Überschuß in der Zahlungsbilanz des Steuerparadieses Luxemburg ist das Großherzogtum jedoch eine wichtige Quelle internationaler Reserven für die belgische Nationalbank. Belgien war mit anderen Worten dringend auf das fiskalische Geschwür in seinem Hintergarten – worüber es sich so gerne öffentlich aufregt – angewiesen. Das Land gab dem politischen Erpressungsdruck des Steuerparadieses denn auch nach.

Belgien war 1993 nicht das einzige Land, das eine fast pathologische Bindung an die Politik der harten Währung der Buba an den Tag legte. Jeder in Europa folgte den Befehlen Tietmeyers und hielt seinen offiziellen Zinssatz über dem deutschen Satz. Je stärker die verschiedenen europäischen Wirtschaften mit der deutschen Wirtschaft im Gleichklang liefen, um so größer war der Schaden, der diese unangepaßte Währungspolitik verursachte. Für ein Land wie die Niederlande war die Koppelung im Grunde genommen kein Problem. Es gab natürlich kritische Stimmen zur unehrlichen Konkurrenz der billigen italienischen Lira und des billigen britischen Pfundes, aber strukturell gesehen litten die Niederlande nicht unter der Bindung an Deutschland. Dies beweist ironischerweise auch noch einmal sofort, welche enormen Mängel das EWS aufweist. Das System funktioniert nur für jene Länder, die es nicht brauchen.

Die monetäre Zwangsjacke des EWS führte nicht zu wirtschaftlicher Konvergenz. In den Ländern, in denen es bereits eine Konvergenz gibt, kann die Währungskoppelung mit Deutschland relativ einfach verdaut werden. Die Niederlande hatten denn auch kein Problem damit, den Gulden im August 1993 an die D-Mark gekoppelt zu lassen. Die Vorteile der Währungsunion – worüber die Eurokraten so gerne reden – wiegen schwerer, weil es keine Strukturprobleme gibt. Die Wirtschaftssysteme Deutschlands und der Niederlande sind dafür ausreichend aufeinander abgestimmt. In Belgien, Frankreich und im Süden Europas gelingt es dem EWS jedoch nicht, die strukturellen Kräfte zu bezwingen. Mit der Regelmäßigkeit eines Uhrwerks verursachen diese Kräfte denn auch immer neue Währungskrisen.

Anstatt dieses Problem zu erkennen und etwas dagegen zu tun, schließen die Politiker jedoch ihre Augen. Anno 1997 scheinen die europäischen Politiker, die Eurokraten und die Zentralbanker noch immer nicht zu begreifen, daß eine einheitliche Währung einer vorherigen wirtschaftlichen Konvergenz bedarf, und nicht umgekehrt. Wie Alan Walters vorhersagte, haben die Politiker ihr Bestes getan, um das EWS aus der Zeit vor der Krise so gut wie möglich zu restaurieren. Nur die engeren Schwankungsmargen – die den Währungsspekulanten als Tontauben dienten – sind verschwunden. An seiner Stelle ist ein verdecktes EWS getreten. Offiziell liegen die Schwankungsmargen beim EWS noch immer bei 15 Prozent, aber in Wirklichkeit setzen die Zentralbanker alles daran, die engeren Schwankungsmargen des früheren EWS wiederherzustellen. Die politische Verkalkung der europäischen Währungspolitik geht ungestört weiter.

Der Beweis: Seit August 1993 sind die Paritäten im EWS nur einmal geändert worden, und zwar Anfang März 1995, als die Peseta um 7 Prozent und der Escudo um 3,5 Prozent abgewertet wurden. Das neue Pseudo-EWS wird jedoch an den gleichen Krankheiten zugrunde gehen wie sein Vorgänger. Europa kann (noch) nicht ohne flexible Wechselkurse, die die wirtschaftlichen Ungleichgewichte zwischen den verschiedenen Mitgliedstaaten ausgleichen, überleben. Die starken Sprüche aus jüngster Zeit über die Währungsunion ändern nichts daran. Im Gegenteil, sie tragen nur zu den internen Spannungen bei, die das System untergraben. Wer sich die Kurse der verschiedenen EWS-Währungen ansieht, wird nicht ohne Erstaunen feststellen, daß eine grundsätzlich schwache Währung wie die spanische Peseta wiederum zu den stärksten Währungen im EWS gehört. Mit dem »con-

Abbildung 3: Die Restaurierung des EWS

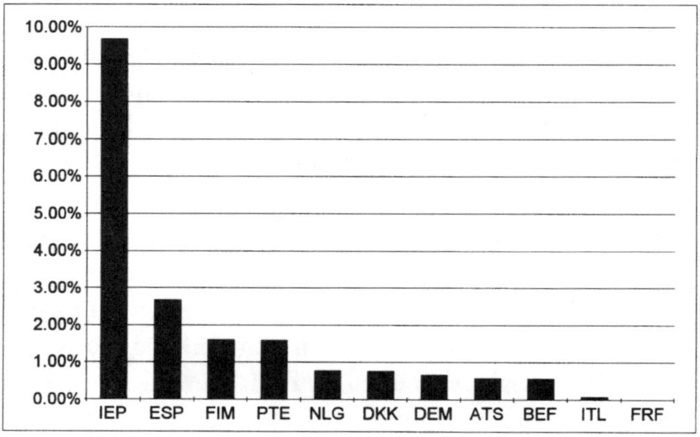

Das EWS-Raster am 23.4.97 – Abweichung gegenüber der schwächsten Währung (FRF)

Quelle: Bloomberg

vergence trade« läßt sich ganz eindeutig wieder Geld verdienen. Die Geschichte wiederholt sich.

5. Der lange Weg zu wirtschaftlicher Konvergenz

»Indeed, a look at American history suggests how important the passage of time is to acceptance of centralized monetary authority.«
Lawrence B. Lindsey

»Es hat mehr als ein Jahrhundert gedauert, bevor die Vereinigten Staaten eine echte einheitliche Währung hatten. Ich wünsche den Europäern viel Erfolg, wenn sie dies in zehn Jahren schaffen wollen.« Dies sagte Edward G. Boehne, Vorsitzender der Federal Reserve Bank von Philadelphia, einer der zwölf regionalen Reserve Banks, die zusammen das Federal Reserve System bilden. Auf den ersten Blick ähnelt das amerikanische System von Zentralbanken sehr stark dem System, das die europäischen Politiker ins Auge gefaßt haben. Es gibt eine Zentralbank in Washington, mit zwölf regionalen Niederlassungen, die über die Vereinigten Staaten verstreut sind, und es gibt natürlich einen Dollar. Dies ist jedoch nicht immer so gewesen. Die Geschichte des Dollars ist eine Geschichte über Fallen und Wiederaufstehen, und die lange Wirtschaftsgeschichte der Vereinigten Staaten ist ein Musterbeispiel dafür, wie eine Währungsunion in der Praxis vollzogen werden muß.

Im Gegensatz zu den europäischen Politikern, die die Währungsunion als einen Schritt auf dem Weg zu einer politischen Union betrachten, wählten die Vereinigten Staaten Ende des 18. Jahrhunderts den umgekehrten Weg. Das im Jahre 1787 verabschiedete amerikanische Grundgesetz gab der Bundesregierung in Washington nur das Alleinrecht, Gold- und Silbermünzen zu prägen. Das Recht, Banknoten herauszugeben, wurde dagegen ausdrücklich nicht in dem Grundgesetz geregelt. Den »Founding Fathers« zufolge war die Herausgabe von Banknoten ein so wichtiges Recht, daß die Macht darüber bei den Bürgern, also bei den einzelnen Bundesstaaten liegen sollte. Dadurch bekamen die Vereinigten Staaten in der Praxis unterschiedliche Dollars in den verschiedenen Staaten.

Bis 1865 wurden die Banknoten in den Vereinigten Staaten von Privatbanken herausgegeben, die dafür eine Genehmigung des Staates erhielten, in dem sie tätig waren. Die erste echte Banknote, der sogenannte »Greenback«, betrat die Bühne erst während des amerikanischen Bürgerkrieges. Es bedurfte sogar einer Entscheidung des Höchsten Gerichts im Jahre 1867, um ein für allemal zu entscheiden, daß die Bundesregierung in Washington sehr wohl das Recht habe, Banknoten herauszugeben. Bis dahin war es jedem Staat freigestellt, die von ihm selbst herausgegebenen Banknoten zu bevorteilen oder die Annahme der von Washington herausgegebenen Banknoten zu verweigern. Der Staat Maryland führte zum Beispiel Anfang des 19. Jahrhunderts eine Steuer von 2 Prozent auf Banknoten aus anderen Staaten ein.

Die Dollarbanknoten aller amerikanischer Staaten konnten immer in goldene oder silberne Dollarmünzen, die in Washington geprägt wurden, umgetauscht werden. Dies bedeutete, daß die Vereinigten Staaten theoretisch also doch eine einheitliche Währung hatten. Der Kurs, zu dem der Umtausch geschah, variierte in der Praxis jedoch je nach wirtschaftlicher Situation in dem betreffenden Staat. Wenn zum Beispiel die Banken in Kalifornien mehr Banknoten herausgaben, als es ihre Goldreserven zuließen, dann sank der Wert des kalifornischen Dollars auf dem freien Markt unter den Nominalwert, der auf der Banknote angegeben war. Innerhalb dieses Staates konnte man damit also mit anderen Worten noch immer Waren im Wert von einem Dollar kaufen, in einem anderen Staat erhielt man jedoch dafür im Tausch weniger als einen Dollar in örtlichen Banknoten oder in Gold. Auf diese Weise verfügten die Vereinigten Staaten mehr als ein Jahrhundert lang über ein mehr oder weniger flexibles Wechselkurssystem, das der sehr unterschiedlichen wirtschaftlichen Entwicklung in den einzelnen Bundesstaaten Rechnung trug.

Es dauerte schließlich bis zum Jahre 1913, bis die Vereinigten Staaten eine Zentralbank und eine echte Einheitswährung bekamen. Den langen Weg zu einer Währungsunion innerhalb der Vereinigten Staaten muß man natürlich in seinem geschichtlichen Kontext betrachten. Dennoch bleibt es eine Tatsache, daß das amerikanische Vorbild deutlich illustriert, daß eine Währungsunion einer vorherigen Wirtschaftsunion bedarf und nicht umgekehrt. Die »Founding Fathers« hatten verstanden, daß das junge Amerika wirtschaftlich noch zu unterschiedlich war, um die monetäre Zwangsjacke einer echten Währungsunion zu überleben. Es ist außerdem bemerkenswert, daß die ersten Versuche Washingtons, eine größere monetäre Uniformität einzuführen, mit dem amerikanischen Bürgerkrieg, einem Meilenstein in der politischen Integration der Vereinigten Staaten, zusammenfiel. »Im Vorfeld des Bürgerkrieges gab es drei Themen, die die politische Bühne Amerikas beherrschten«, behauptet Lawrence B. Lindsey, Gouverneur der Federal Reserve Bank, »die Sklaverei, die Einfuhrrechte und der zweite Versuch Washingtons, eine amerikanische Zentralbank zu gründen.« (Der erste Versuch wurde kurz nach der Unabhängigkeit vom Kongreß im Keim erstickt.) Es bedürfte mit anderen Worten eines blutigen Konflikts, um Amerika von einer losen Föderation in eine echte politische Union zu verwandeln, die stabil genug war, um den Preis für die Währungseinheit zu bezahlen.

Das amerikanische Währungsmodell des 19. Jahrhunderts zeigt auffallend viel Ähnlichkeit mit dem britischen Vorschlag für eine europäische Einheitswährung, der im Oktober 1990 gemacht wurde. Die britische Regierung schlug damals die Einführung einer europäischen Währung vor, die neben den nationalen Währungen bestehen sollte. Im Gegensatz zum ECU, der eine Korbwährung ist, sollte es sich dabei um eine echte harte Währung handeln, die von einer gesonderten europäischen Zentralbank herausgegeben werden sollte. Die europäische Einheitswährung sollte als Reservewährung für alle europäischen Zentralbanken fungieren und so die Aufgabe übernehmen, die jetzt von Dollar, D-Mark und Gold erfüllt wird. Genauso wie zu Zeiten des EWS sollte jede europäische Währung einen festen, aber anpassungsfähigen Wechselkurs zur Einheitswährung erhalten. Dem britischen Vorschlag zufolge würden die Vorteile des EWS dank der Flexibilität erhalten bleiben. Durch die Einführung einer harten Einheitswährung würde jedoch zugleich mit dem größten Nachteil des EWS abgerechnet: die Stellung der D-Mark de facto als Anker des Systems. Es ist selbstredend, daß der britische Vorschlag aus ökonomischer Sicht zuviel Sinn machte, um ihn im europäischen Kontext auch nur einigermaßen ernsthaft in Erwägung zu ziehen.

Der Vorschlag beruhte auf der angelsächsischen Erkenntnis, daß wirtschaftliche Konvergenz vor monetärer Konvergenz kommt. Deshalb war er ganz und gar unbrauchbar für die höheren politischen Motive der französischen und deutschen Politiker.

Anstelle des britischen Vorschlags wählte Europa im Jahre 1991 den Vertrag von Maastricht und eine völlige Abschaffung aller Wechselkursflexibilität innerhalb der Europäischen Union. Die Wechselmärkte waren in den Augen der europäischen Politiker nichts anderes als große Spielbanken, in denen die Währungsspekulanten zu Lasten der hart arbeitenden europäischen Bürger spekulieren und reich werden konnten. Je schneller mit diesen Märkten abgerechnet würde, um so besser. Daß die europäischen Politiker in ihrem Eifer, die Welt von den Währungsspekulanten zu erlösen, das historische Beispiel der amerikanischen Währungsunion völlig negierten, ist in Anbetracht der europäischen Mißachtung für den angelsächsischen Kapitalismus nicht wirklich verwunderlich. Schlimmer ist es, daß die Politiker sich einen Dreck um alle Lektionen im Fach Volkswirtschaftslehre scherten – auch um jene, die sie kurz vorher durch die deutsche Wiedervereinigung hatten lernen müssen.

In Kapitel 1 wurde schon kurz die »Theorie der optimalen Währungszonen« des kanadischen Volkswirts Robert Mundell erwähnt. In den sechziger Jahren hatte Mundell drei Bedingungen für eine optimale Währungszone definiert: eine große Mobilität von Kapital und Arbeit, freier Verkehr von Waren und eine zentrale Währungs- und Haushaltspolitik. Diese drei Bedingungen arbeiten in zwei Richtungen. Auf der einen Seite sind diese Bedingungen notwendig, damit sich die Wirtschaftssysteme der Länder, die derselben Währungszone angehören, in ausreichendem Maße einander anpassen können. Solange die Konvergenz nicht völlig erreicht ist, bilden sie jedoch zugleich ein System von Sicherheitsventilen, die das Gleichgewicht wiederherstellen, wenn externe ökonomische Stöße die Währungszone zerrütten. Diese Sicherheitsventile bilden eine Alternative zum allerwichtigsten Sicherheitsventil – die Wechselkursflexibilität –, das durch die Einführung der Währungszone verschwunden ist.

Innerhalb Europas scheint ein bizarrer Konsens darüber zu bestehen, daß die wirtschaftliche Konvergenz innerhalb der EU seit der Öffnung der europäischen Grenzen und mit der Billigung des Vertrags von Maastricht vollzogen worden sei. Eine Analyse der europäischen Wirtschaft auf der Grundlage der Kriterien von Mundell lehrt uns jedoch, daß Europa noch längst keine optimale Währungszone bildet. Freier Waren- und Kapitalverkehr sowie eine Europäische Zentralbank sind nicht mehr als das Fundament für eine Währungsunion. Auf diesem Fundament muß ein Wirtschaftsbauwerk entstehen, das auch haushälterische Neuverteilungsmechanismen und Arbeitsmobilität mit einschließt. Erst dann kann man von einer wirklichen Wirtschaftsunion mit konvergierenden Wirtschaftssystemen sprechen. Daß man für die Verwirklichung einer solchen Union einen langen Atem braucht, beweist die mühsame Entstehungsgeschichte der Währungsunion in den Vereinigten Staaten. Die Vereinigten Staaten begannen als eine politische Union, die sich im Laufe der Jahre zu einer wirtschaftlichen Union entwickelte. Die Errichtung der politischen Union war im Gegensatz zur europäischen Einigung eine völlig demokratische Entscheidung. Erst als die föderalen Strukturen, die notwendig sind, um eine zentrale Haushaltspolitik zu konzipieren, vorhanden waren, wagten die Vereinigten Staaten die Verwirklichung einer echten Währungsunion. Die Basis für den Integrationsprozeß wurde durch die wirtschaftliche Konvergenz gelegt, die eine Folge des freien Verkehrs von Gütern und Arbeitern war.

Es war ebenfalls der freie Güter- und Personenverkehr, mit dem der europäische Binnenmarkt die Basis für die europäische Integration legen sollte. In Europa geht der Integrationsprozeß jedoch den umgekehrten Weg. Die Währungsintegration wird als Brecheisen benutzt, um eine politische Integration zu forcieren. In ihrer Eile, die Währungsintegration zu vollenden, sind die Politiker außerdem nicht bereit, den Leim der wirtschaftlichen Integration erst

Abbildung 4: Der europäische Flickenteppich: Problem-Index

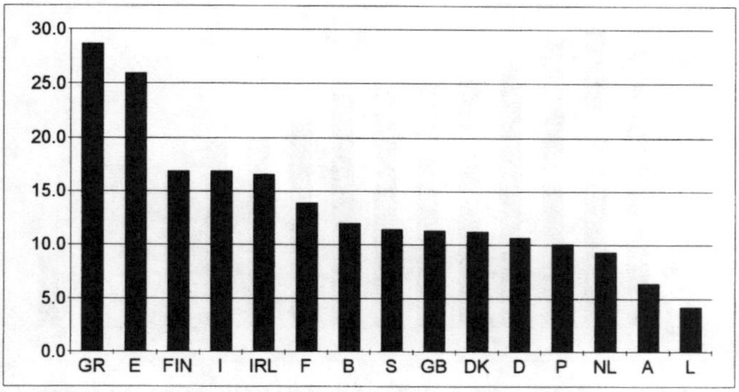

Problem-Index: Summe von Inflationsrate und Arbeitslosenquote (in Prozent), im Jahre 1996

Quelle: Bloomberg

Abbildung 5: Der europäische Flickenteppich: Kosten der Arbeit

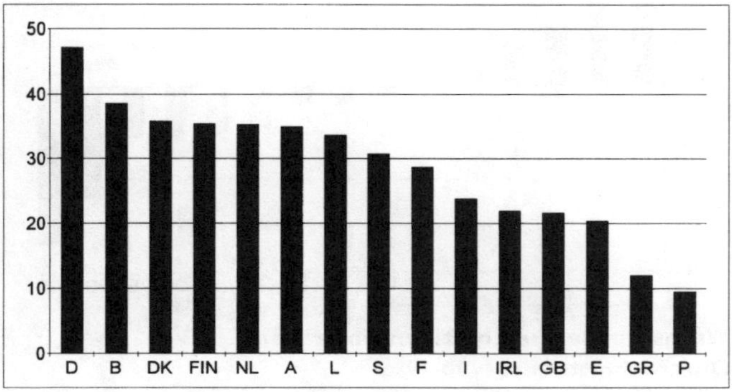

Durchschnittliche Arbeitskosten in der Industrie im Jahre 1995, in DM pro Stunde

Quelle: OECD

Abbildung 6: Der europäische Flickenteppich: Wohlstand

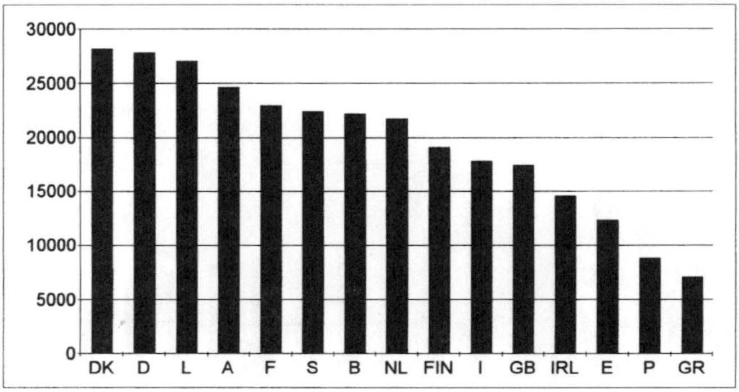

Bruttoinlandsprodukt pro Kopf der Bevölkerung im Jahre 1994 in Dollar

Quelle: OECD

Abbildung 7: Der europäische Flickenteppich: Beschäftigung

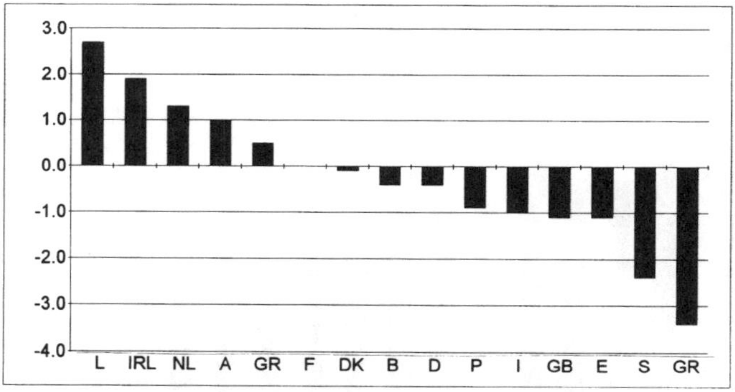

Wachstum der Beschäftigung in Prozent, Durchschnittswert 1990-1995

Quelle: OECD

Abbildung 8: Der europäische Flickenteppich: die öffentliche Hand

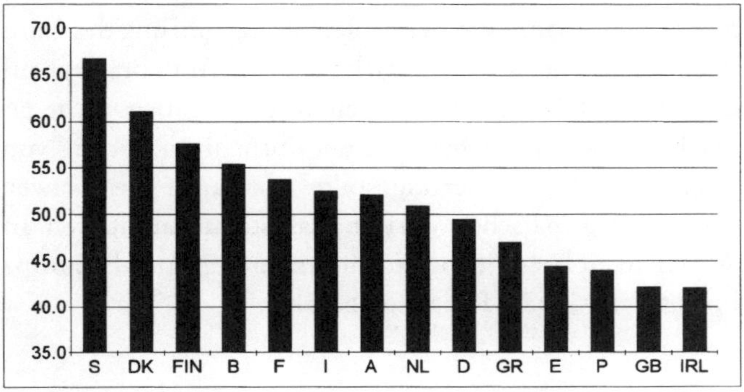

Ausgaben der öffentlichen Hand im Jahre 1995, in Prozent des BIP
Quelle: OECD

trocknen zu lassen. Die Wirtschaftsstatistiken beweisen, daß Europa noch immer die wirtschaftliche Konvergenz fehlt, um bereits jetzt die Währungsintegration ordentlich durchführen zu können. Dies zeigen unter anderem die divergierenden Problem-Indices der einzelnen EU-Mitgliedstaaten. Der Problem-Index mißt die Summe von Arbeitslosigkeit und Inflation, der zwei traditionellen Buhmänner jeder Wirtschaft. Die Zahl variiert zwischen 4,2 für Luxemburg und 28,7 für Griechenland.

Nicht nur fehlt Europa die dringend notwendige wirtschaftliche Konvergenz für die EWU, auch gibt es keine föderativen politischen Strukturen, um die Währungsintegration in die richtigen Bahnen zu lenken.

Jedes Land führt seine eigene Wirtschaftspolitik. Dies äußert sich unter anderem in den enormen Unterschieden bei den Arbeitskosten, dem Wohlstand und der Beschäftigung. Daneben sorgt zum Beispiel in Ländern wie Schweden, wo die öffentlichen Ausgaben 66,7 Prozent des BIP betragen, und dem Vereinigten Königreich, wo die Rolle der öffentlichen Hand bis auf 42 Prozent des BIP gesenkt wurde, auch die Rolle der Regierungen für Zwietracht. Warum gibt es einige Jahre vor der geplanten Einführung des Euro noch solche enormen Unterschiede? Die Antwort liegt auf der Hand: Die Politiker haben ihre Aufgaben nicht gemacht. Dies wird sichtbar in dem brüchigen Vertrag von Maastricht. Dieser Vertrag sollte sozusagen die Konvergenz der europäischen Wirtschaftssysteme garantieren. In Wirklichkeit hat er jedoch nichts anderes getan, als Europa in eine deflationäre Rezession geführt.

Der schreckliche Vertrag von Maastricht

Der Vertrag von Maastricht schlug fehl, weil er trotz seines ansehnlichen Umfangs von rund 300 Seiten ein wirklich schreckliches Dokument ist. Das Dokument mag eine Perle politischer Manövrierkunst sein, wirtschaftlich betrachtet stellt es nur wenig dar. Hätten die Eurokraten ihre Hausaufgaben richtig gemacht, dann hätten sie zuerst Mundells Wirtschaftsliteratur gelesen. Jetzt berücksichtigt der Vertrag nur eine kleine Anzahl von Teilaspekten der von Mundell formulierten Grundbedingungen, und auch dies nur mangelhaft.

So sieht der Terminplan für die EWU zwar die Vollendung des Binnenmarktes und die völlige Liberalisierung des Kapitalverkehrs vor, aber die Erfüllung dieser Bedingungen wird nicht genauso streng gefordert, wie die der Währungs- und Haushaltsnormen. Die teilnehmenden Länder werden nirgendwo in dem Vertrag ausdrücklich verpflichtet, alle Teilaspekte des Binnenmarktes völlig zu erfüllen, bevor sie der EWU beitreten können. Die Währungsunion kann mit anderen Worten im Grunde genommen vonstatten gehen, ohne daß der Binnenmarkt vollendet ist. Wie konnten die Eurokraten vergessen, die wirtschaftlichen Fundamente für ihre Europäische Union bindend festzulegen? Diese Vergeßlichkeit beweist nicht nur die Mißbilligung des echten Freihandels durch die europäischen Politiker, sondern es nährt auch die Furcht (von der im nächsten Kapitel die Rede sein wird), daß die edlen Grundsätze des europäischen Binnenmarktes zur Not weichen müssen, wenn sie dem höheren Ziel der europäischen politischen Integration im Wege stehen.

Den Kern des Vertrags bilden die Währungs- und Haushaltsbedingungen, die sogenannten Maastricht-Normen. Wir zählen sie noch einmal auf: ein Haushaltsdefizit von maximal 3 Prozent des BIP, eine Staatsschuld von weniger als 60 Prozent des BIP oder die sich in einem zufriedenstellenden Tempo auf diesen Wert zubewegt, eine Inflationsrate, die maximal 1,5 Prozent höher ist als in den drei EU-Mitgliedstaaten mit der niedrigsten Inflationsrate, eine Währung, die sich zwei Jahre innerhalb der Schwankungsmargen des EWS bewegt hat, und einen langfristigen Zinssatz, der maximal 2 Prozent höher ist als in den drei Ländern mit der niedrigsten Inflationsrate. Die Normen sollen verhindern, daß die teilnehmenden Länder übermäßige Haushaltsdefizite erleiden, wodurch ein aufwärtsgerichteter Druck auf die langfristigen europäischen Zinsen entstehen könnte. Und damit ist – oder war zumindest für die Deutsche Bundesbank, die zum Zeitpunkt der Vertragserstellung um jeden Preis verhindern wollte, daß sie mit harter D-Mark den Preis für das Gelage in Ländern wie Italien und Belgien zahlen müßte – die Sache gegessen.

Die Bedingungen in dem Vertrag von Maastricht müssen den Weg ebnen für die Einführung einer einzigen, zentralen Währungsbehörde – der Europäischen Zentralbank. Mundell nannte eine zentrale Währungsbehörde jedoch in einem Atemzug mit einer zentralen Haushaltsbehörde. Dies heißt in normaler Menschensprache die Bildung eines europäischen Fiskus – ein Schreckensbild für jeden steuerscheuen Europäer. Eine europäische Zentralbank kann nur ordentlich funktionieren, wenn ihre Währungspolitik an eine gesamteuropäische Haushaltspolitik gekoppelt ist. Wenn infolge der Währungsunion die Zinswaffe verschwindet und wenn einzelne Länder ihre Haushaltspolitik harmonisieren, dann ist eine zentrale europäische Haushaltspolitik das einzige wirtschaftspolitische Instrument, das noch übrigbleibt. Das heißt, daß nach 1999 ein europäischer Haushaltsmechanismus notwendig ist, der dafür sorgt, daß innerhalb der EU rückständige Regionen steuerliche oder wirtschaftliche Anreize bekommen. Dies ist auf zwei Weisen möglich. Entweder indem die wirtschaftlich wohlhabenden Regionen die wirtschaftlich schwächeren Regionen finanziell unterstützen, oder indem man Unternehmen, die sich in den schwächeren Regionen ansiedeln wollen, steuerliche Anreize bietet. In beiden Fällen muß die Steuerlast in den wirtschaftlich prosperierenden Regionen erhöht werden, um die Rechnung für die direkten oder indirekten Transfers in die rückständigen Regionen zu bezahlen. Dies ist das Prinzip der Solidarität innerhalb einer Union, aber zugleich ein Grundsatz, den der Durchschnittseuropäer auf den Tod nicht leiden kann.

Wie wichtig solche Haushaltstransfers sind, zeigt das Beispiel der deutschen Wiedervereinigung. Wie wir bereits darlegten, ging die politische Union sofort mit einer Währungsunion einher. Die deutschen Gewerkschaften forderten außerdem eine Gleichschaltung der Löhne zwischen Ost und West, wodurch die Lohnflexibilität verschwand. Was als Sicherheitsventil übrigblieb, um den wirtschaftlichen Dampf abzulassen, waren Arbeitsmobilität (ein Euphemismus für Massenemigration von Ost nach West) und

Haushaltstransfers. Bundeskanzler Kohl wählte wohlweislich die zweite Option, und es begann das, was Volkswirte jetzt den größten *leveraged buyout* der Geschichte nennen. Die Westdeutschen nahmen mit anderen Worten Kredite auf, mit denen sie die Übernahme Ostdeutschlands bezahlten. Dies geschah in zweierlei Manier. Einerseits wurden Investoren mit erheblichen Steuervorteilen in die ehemalige DDR gelockt, und andererseits entstanden immense Sozialtransfers von West nach Ost. Zwischen 1991 und 1995 stiegen diese Transfers von 106 Milliarden D-Mark oder 3,71 Prozent des deutschen BIP auf 140 Milliarden D-Mark oder 4,05 Prozent des BIP. Die Folge war ein starker Anstieg des Haushaltsdefizits, wodurch Kohl gezwungen wurde – entgegen vorheriger Versprechen des Gegenteils –, die deutschen Steuern zu erhöhen. Ein deutlicher Beweis dafür, daß man die fiskalische Rechnung für eine Währungsunion nicht unterschätzen sollte.

Bemerkenswert genug haben die europäischen Politiker die Bedeutung einer europäischen Haushaltspolitik in Maastricht nicht nur »übersehen«. Mehr noch, anstatt den Rahmen für eine flexible antizyklische Politik zu schaffen, haben sie Europa in eine monetäre und haushälterische Zwangsjacke eingesperrt. Die Ursache hierfür ist nicht nur die Unbeugsamkeit der Deutschen, sondern auch die Tatsache, daß eine europäische Einigung im Haushaltsbereich unglaublich unpopulär ist. Hätten die europäischen Politiker 1991 der Öffentlichkeit offenbart, daß Maastricht eine größere Steuerharmonisierung erfordere, dann hätte es noch mehr Widerstand gegeben, als es jetzt schon der Fall gewesen ist. Und hätten sie dann noch hinzugefügt, daß reiche EU-Mitgliedstaaten in Zukunft durch eine höhere Steuerlast für die sozialen Transfers in ärmere Mitgliedstaaten zahlen müssen, dann hätten sie zweifellos eine Revolution entfacht.

Tatsache ist, daß die europäischen Politiker sich nie an eine Steuerharmonisierung gewagt haben. Das Ruding-Komitee formulierte schon vor Jahren 33 Empfehlungen für eine Gleichschaltung der direkten Steuern innerhalb der EU. Mit Ausnahme einer kleinen Anzahl von Richtlinien – die sehr viele Länder noch immer mißachten – ist nie etwas aus dem Ruding-Bericht geworden. Steuerharmonisierung würde bedeuten, daß die europäischen Mitgliedstaaten ihr wichtigstes souveränes Recht, das Recht, Steuern erheben zu dürfen, abtreten müßten. (Der höchste Gerichtshof der Vereinigten Staaten traf diesbezüglich im Jahre 1819 eine Entscheidung zur fiskalischen und monetären Vereinigung der Vereinigten Staaten, die den berühmten Satz enthielt: *The power to tax involves the power to destroy.)* Um eine fiskalische Harmonisierung praktisch machbar zu machen, sollte außerdem auch die Möglichkeit der Steuerflucht in Richtung Luxemburg und in die übrigen vierzehn Steuerparadiese, die die EU innerhalb und in der direkten Umgebung ihrer Grenzen duldet (Schweiz, Liechtenstein, Malta, Monaco, Andorra, San Marino, Vatikanstadt, Campione, die Kanalinseln, die Insel Man, Gibraltar, Zypern, Irland und Madeira), unterbunden werden.

Nur eine Vereinheitlichung der indirekten Steuern innerhalb der EU schien den Politikern machbar. Diese Entscheidung schien jedoch eher eine Folge der Behinderung, die unterschiedliche Mehrwertsteuertarife für den freien Warenverkehr bedeuten, zu sein, als eine Konsequenz der Überzeugung, daß Europa eine zentrale Haushaltsbehörde brauche. Steuerharmonisierung klingt dem steuerscheuen Europäer wie ein Fluch in den Ohren, und das Erwähnen einer solchen Idee reicht allein schon, um in Ländern wie Belgien die steuerliche Kapitalflucht in diverse Steuerparadiese außerhalb Europas anzufachen.

Die Buhrufe werden noch lauter, wenn die europäischen

Politiker zugeben müssen, daß die gefürchtete steuerliche Harmonisierung im Zeichen der gehaßten Haushaltstransfers stehen wird. Diese Art von Mechanismen werden in Belgien und Italien schon seit Jahren von den hart arbeitenden Steuerzahlern im Norden verflucht, die ihren Worten nach »für die Faulenzer im Süden zahlen müssen«. Europäische Umverteilungsmechanismen wie die Strukturfonds (der Europäische Sozialfonds und der Europäische Fonds für Regionale Entwicklung) sind – wenn möglich – noch unpopulärer, weil sie die wirtschaftliche Macht der europäischen Bürokratie in Brüssel vergrößern. Die politisch »Rechte« sieht darin eine weitere Ausdehnung des europäischen Superstaates, während die politisch »Linke« Zeter und Mordio schreit über die vielen Fälle von Mißbrauch durch gewiefte Unternehmer. Die Chance, daß diese Fonds wesentlich erweitert werden, ist denn auch minimal.

Wenn die Flamen nicht für die Wallonen zahlen wollen, warum sollten dann die Niederländer für die Italiener bezahlen? Solidarität im Bereich der Steuern und der Haushalte ist ganz offensichtlich ein Prinzip, wofür Europa noch lange nicht reif ist. Im Gegenteil. Sollte es zur Europäischen Währungsunion kommen, dann liegt es auf der Hand, daß die europäischen Länder versuchen werden, sich mit Steuervergünstigungen ins Gehege zu kommen (vgl. die belgischen Koordinationszentren). Die Haushaltsrechnung für solche steuerlichen Abenteuer würde dann mit steigenden Haushaltsdefiziten bezahlt werden, die in Euros finanziert würden. Um dieses Szenario, das schließlich zu einem schwachen Euro führen würde, zu vermeiden, haben die Deutschen im Jahre 1991 darauf bestanden, daß der Vertrag von Maastricht mit rigorosen Haushaltsnormen vollgestopft wurde. Falls es nicht gelingen sollte, Europa hinter einer Steuerharmonisierung auf der Einnahmenseite zu vereinigen, dann sollte dies eben auf der Ausgabenseite geschehen. Die strengen Haushaltsnormen sind mit anderen Worten eine Folge davon, daß die europäischen Politiker es nicht gewagt haben, der steuerlichen Konkurrenz innerhalb Europas abzuschwören.

Die Absurdität dieser Bequemlichkeitslösung besteht darin, daß strenge einheitliche Haushaltsnormen im Gegensatz zu einem einheitlichen Steuerwesen keine eingebauten automatischen Stabilisatoren haben. Eine zentrale europäische Haushaltsbehörde könnte eine Steuerpolitik entwerfen, die die wirtschaftliche Konvergenz in Europa beschleunigen könnte. In Ermangelung einer solchen zentralen Behörde können strenge Haushaltsnormen nur verhindern, daß der Mangel an Konvergenz zu einer Schuldenkrise führt. Aus rein wirtschaftlicher Sicht lassen strenge Haushaltsnormen jedoch jedes Land in seinem eigenen ökonomischen Saft schmoren. Die Folge ist, daß der wirtschaftliche Graben breiter wird, was wiederum zu einer Zunahme der sozialen, wirtschaftlichen und monetären Spannungen führt.

Die Tragödie der Arbeit

Nach Meinung des ehemaligen belgischen Premierministers Martens ist die Europäische Währungsunion das einzige Mittel, um die soziale Sicherheit in Belgien zu erhalten. Dies ist eine Aussage, die fast lächerlich klingt, wenn nicht die Konsequenzen einer derartigen politischen Demagogie im Licht der obengenannten wirtschaftswissenschaftlichen Schlußfolgerungen so peinlich wären. In einer zugemauerten Europäischen Währungsunion à la Maastricht bildet der Arbeitsmarkt das einzige Auslaßventil für die externen wirtschaftlichen Kräfte, die auf die Europäische Union einschlagen. Die Folgen, die dies für den europäischen Sozialstaat hat, sind nicht zu übersehen. Der europäische Binnenmarkt hat Europa zu einem Wirtschaftsraum gemacht, in dem die Kräfte des freien Marktes relativ ungestört wüten können. Die bestehenden Sicherheitsmechanismen, mit denen das System kontrolliert werden kann, sind jedoch alle ausgeschaltet. Das Ausschalten des monetären Sicherheitsventils (flexible Wechselkurse) ist per Definition das Ziel der EWU an sich. Das haushälterische Sicherheitsventil wurde im Vertrag von Maastricht versiegelt, und der Gebrauch des fiskalischen Sicherheitsventils (Haushaltstransfers und uniforme Fiskalität) ist ein politisches Tabu. Alle Spannungen werden sich also auf den Arbeitsmarkt konzentrieren.

Um dies zu illustrieren, kehren wir noch einmal zu den Theorien des kanadischen Volkswirts Robert Mundell und zu dem Beispiel der Vereinigten Staaten zurück. Eine der wichtigsten Bedingungen für eine optimale Währungszone ist nach Meinung von Mundell Arbeitsmobilität. Anders ausgedrückt, wenn eine bestimmte Region innerhalb einer Währungszone von einer Wirtschaftskrise getroffen wird, dann sorgt in Abwesenheit von monetären und haushälterischen Stimulanzien Emigration für die Wiederherstellung des Gleichgewichts. Arbeiter werden von den wirtschaftlich betroffenen Gebieten in die wirtschaftlich blühenden Regionen abwandern, wodurch die Arbeitslosigkeit in ersterem spürbar zurückgeht, während der Zustrom der Arbeiter in die andere einen Anstieg der Lohnkosten verhindert. In einer optimalen Währungszone wie den Vereinigten Staaten ist Arbeitsmobilität außerordentlich wichtig. Pro Jahr ziehen durchschnittlich 17 Prozent der amerikanischen Bevölkerung um. Dabei ziehen 3 Prozent in einen anderen Staat. In Frankreich und dem Vereinigten

Königreich ziehen dagegen nur 1,1 Prozent der Bevölkerung jährlich in eine andere Region des Landes. Das heißt, daß die Arbeitsmobilität innerhalb der europäischen Länder geringer ist als in den Vereinigten Staaten. Es gibt keine Statistiken bezüglich der Arbeitsmobilität zwischen den einzelnen EU-Mitgliedstaaten, aber man kann getrost annehmen, daß diese noch geringer ist. Zur Verdeutlichung emigrierten im Jahre 1992 nur 363 Franzosen nach Deutschland.

In den Vereinigten Staaten ist Arbeitsmobilität ein wichtiger wirtschaftlicher Stabilisator in Zeiten der Rezession. Unter anderem deshalb lag die amerikanische Arbeitslosigkeit Anfang der neunziger Jahre, während der letzten Wirtschaftsrezession, nie höher als 7,75 Prozent. Zwischen 1990 und 1994 verließen 1,2 Millionen Menschen den Staat Kalifornien, wo die Rezession am stärksten war. Der dünnbesiedelte Staat Utah, wo die Rezession kaum Einfluß hatte, sah, wie seine Bevölkerung im gleichen Zeitraum um 24 Prozent zunahm. Der Staat Colorado erlebte einen Bevölkerungszuwachs von 20 Prozent. Langfristig sind innerhalb der Vereinigten Staaten die Migrationsströme von wirtschaftlich notleidenden Staaten in wirtschaftlich blühende Staaten noch auffallender. In dem Zeitraum zwischen 1960 und 1990 zum Beispiel nahm die Bevölkerung im damals wirtschaftlich sehr erfolgreichen Kalifornien um 37 Prozent zu. Dagegen sank in New York im gleichen Zeitraum die Bevölkerungszahl um ein Viertel.

In Europa gibt es eine Vielfalt kultureller Barrieren, die einer starken Zunahme der Arbeitsmobilität im Wege stehen. Dabei stellt das Sprachenproblem noch die größte Hürde dar. Auch politisch gesehen besteht noch immer eine Abneigung gegen wichtige Migrationsströme. Die Argumente schwanken von rein sozialen Argumenten (der destabilisierende gesellschaftliche Effekt zerbrochener Familienbande und auseinanderfallender örtlicher Gemeinschaften) bis hin zu wirtschaftlichen Argumenten (das Gejammer über Gastarbeiter aus Südeuropa, die uns die Jobs wegnehmen). Sollten die Pläne für eine Osterweiterung der EU konkretere Formen annehmen, dann werden zweifellos auch die rein kulturellen Bedenken (nennen Sie sie Rassismus) immer größer.

Auch im Kern Europas bleibt Arbeitsmobilität übrigens außergewöhnlich unpopulär. Trotz des freien Personenverkehrs errichten viele europäische Länder noch immer eine bürokratische Mauer um ihren Arbeitsmarkt, um so einen starken Zustrom ausländischer Arbeitnehmer zu verhindern. Die Zeitung *Financial Times* veröffentlichte etwa im November 1994 die Geschichte von Emma Tucker, der Europakorrespondentin der Zeitung, die kurz zuvor nach Brüssel gezogen war. Im Vergleich zu dem Verwaltungskram, den Frau Tucker erledigen mußte, um in Belgien ihren Beruf ausüben zu können, war die Bürokratie des ehemaligen Ostblocks nach Ansicht der *Financial Times* geradezu lächerlich. Nachdem sie in allen Facetten beschrieben hatte, wie viele Hindernisse eine britische Journalistin überwinden muß, um sich in Belgien niederzulassen, schrieb die Zeitung übrigens auch, was ein belgischer Journalist tun muß, um sich in dem von den Europäern so verfluchten Vereinigten Königreich niederzulassen: »Seinen Paß an der Grenze vorzeigen«.

Wenn Arbeitsmobilität auf vielerlei Art und Weise unattraktiv gemacht wird, dann bleibt nur Arbeitsflexibilität als einziger gleichgewichtswiederherstellender Mechanismus übrig. Arbeitsmobilität und Arbeitsflexibilität sind zwei Seiten derselben Medaille. Wenn Arbeiter innerhalb einer Währungszone nicht von wirtschaftlich zurückgebliebenen Regionen in wirtschaftlich blühende Regionen abwandern können, dann gibt es nur zwei Alternativen. Entweder können sie in den wirtschaftlich zurückgebliebenen Regionen zusehen, wie ihre Löhne sinken, oder sie werden arbeitslos. Es ist klar, welche Alternative Europa gewählt hat. In Deutschland liegt die Preiselastizität der Löhne bei 75 Prozent. Das heißt, daß ein deutscher Arbeiter durchschnittlich 75 Prozent jeder Steigerung der Lebenshaltungskosten durch eine Lohnsteigerung wiederbekommt, ungeachtet der Entwicklung der deutschen Wettbewerbsfähigkeit. In Frankreich liegt die Preiselastizität der Löhne bei 50 Prozent, in den Vereinigten Staaten bei 14 Prozent. Die Folgen dieses inflexiblen Arbeitsmarktes sind für die Beschäftigung desaströs: In Europa ist die durchschnittliche Arbeitslosenquote höher als 11 Prozent. In den Vereinigten Staaten beträgt sie keine 5,5 Prozent.

Die hohe Preiselastizität der europäischen Löhne hängt direkt mit der Schwerleibigkeit des europäischen Sozialstaates zusammen. Für einen Europäer wird von der Wiege bis ins Grab gesorgt. Ein gelegentlicher Kaufkraftverlust infolge einer wirtschaftlichen Rezession ist kein kollektives Problem, das eine konzertierte Aktion erfordert, sondern ein grundlegendes Unrecht, das Vater Staat aus der Welt schaffen muß. Es interessiert niemanden, wer für den Luxus bezahlt. Die Rechnung wird ständig weitergereicht. Von der einen Bevölkerungsgruppe zur anderen, von der immer kleiner werdenden Gruppe der Arbeitenden zum immer größer werdenden Heer von Arbeitslosen, von der heutigen Generation zur nächsten.

Der europäische Wohlfahrtsstaat ist Anno 1997 zu einem riesigen Klotz an unserem Bein geworden. In Europa gehen im Durchschnitt etwa 30 Prozent des BIP für die Finanzierung des Sozialstaates drauf. In den Vereinigten Staaten und Japan liegt der Prozentanteil bei 17,8 Prozent bzw. 18,1 Prozent. Unser fettleibiger Sozialstaat kostet nicht nur

Hände voller Geld, er untergräbt auch den Unternehmergeist, der notwendig ist, damit Europa den Herausforderungen des freien Welthandels die Stirn bieten kann. Man würde jedoch vermuten, daß die europäischen Politiker einen drastischen Eingriff, wie eine Abmagerungskur für den Sozialstaat, zum Thema einer breiten politischen Debatte machen würden. Nichts dergleichen. Dadurch, daß sie die haushälterische Notwendigkeit des Maastrichter Vertrages anrufen, gelingt es den Politikern, die Sache so darzustellen, als ob die europäischen Bürger keine Wahl hätten. Dies wurde übrigens vor kurzem öffentlich durch den niederländischen Volkswirt D. Wolfson bestätigt: »Der große Verdienst der EWU ist nicht die EWU an sich, sondern die Tatsache, daß wir Ordnung schaffen. Die Bildung eines Währungsblocks ist eine Zwischenstation, eine Beschwörungsformel. Wir müssen in zunehmendem Maße wieder selbst für uns sorgen, die Widerstandsfähigkeit Europas muß wachsen. Wir nutzen die EWU als Gelegenheit, um den Sozialstaat wieder finanziell tragbar zu machen.«

Während Martens in Belgien öffentlich dafür eintritt, daß die EWU notwendig ist, um den belgischen Sozialstaat zu erhalten, behauptet ein niederländischer Volkswirt, daß die EWU nicht mehr ist als eine Ausrede, um den gleichen Sozialstaat zu demontieren. Kann jetzt endlich einmal jemand klar machen, was das wirkliche Ziel der Währungsunion ist? Politiker fechten mit Worthülsen wie »Vertrauenspakt« und »Arbeitsbeschaffungspakt« und versprechen – wie der belgische Premierminister Dehaene –, daß sie die Arbeitslosigkeit bis zum Jahre 2005 halbieren werden. In Wirklichkeit tun sie jedoch nichts, um die Wirtschaft anzukurbeln. Echte Arbeitsflexibilität, wie zum Beispiel das völlige Abschaffen des belgischen Lohnindexierungsmechanismus, ist überall in Europa tabu. Europa hat im Dilemma zwischen Arbeitsflexibilität und Arbeitslosigkeit eine Wahl getroffen. Es hat dafür gestimmt, die Interessen einer immer kleiner werdenden Gruppe Arbeitender zu verteidigen, zu Lasten eines wachsenden Heeres von Arbeitslosen. Dies ist nicht nur eine ungerechte Wahl. Es ist eine Wahl, die Europa nie hätte treffen müssen, gäbe es da nicht den schrecklichen Vertrag von Maastricht.

Die deflationäre Bombe von Maastricht

Die europäischen Politiker wählen die Arbeitslosigkeit, weil sie eine billige Manier gefunden haben, dieses Problem zu verantworten. Sie brauchen nur mit einem beschuldigenden Finger in Richtung Fernost zu zeigen und zu erklären, daß unsere Industrie unmöglich mit den »Unterbietern« aus den Billiglohnländern konkurrieren kann. Um dieser ehrlichen Konkurrenz die Stirn zu bieten und das Problem der Arbeitslosigkeit anzupacken, sind wir verpflichtet, rigoros zu sparen. Ein lächerliches Argument, wenn man beachtet, daß die amerikanische Arbeitslosigkeit sich derzeit auf einem historischen Tiefstand von unter 5,5 Prozent befindet. Und das zu einem Zeitpunkt, wo die Vereinigten Staaten sich mit dem NAFTA-Abkommen freiwillig der unerbittlichen Konkurrenz der niedrigen mexikanischen Löhne ausgesetzt haben.

Die Bedrohung durch die wirtschaftliche Globalisierung ist ein falsches politisches Argument, das Europa nur weiter auf den gefährlichen Weg in Richtung Protektionismus schieben kann. Wenn ein Land A mit hohen Löhnen und ein Land B mit niedrigen Löhnen miteinander Handel treiben, dann gibt es in der Volkswirtschaftslehre keine einzige Theorie, die erklärt, warum die Löhne im Land A sinken müssen und warum die Löhne im Land B nicht steigen können. Im Gegenteil. In einem echten freien Markt werden die heilsamen Folgen des freien Welthandels dafür sorgen, daß der wirtschaftliche Wohlstand sowohl im Land A als auch im Land B steigt. Bedingung ist nur, daß beide Länder sich auf das konzentrieren, was sie am besten können. In der Praxis bedeutet dies, daß das Land mit den hohen Löhnen seine Arbeiter mittels Arbeitsflexibilität ermutigen soll, ihre Jobs in dem bedrohten Industriezweig gegen neue Jobs in einem Industriezweig einzutauschen, der nicht durch Konkurrenz aus einem Billiglohnland bedroht ist.

Die Herausforderung, der Europa gegenübersteht, ist nicht das Abrechnen mit der unehrlichen Konkurrenz aus den übrigen Ländern dieser Welt. Die Schlußfolgerungen dieser Analyse der europäischen Wirtschaft auf der Grundlage der Kriterien von Mundell sind ernüchternd. Sowohl auf dem Gebiet der Arbeit als auch im Haushaltsbereich erfüllt Europa keineswegs die Bedingungen für eine optimale Währungszone. Das heißt, daß im Gegensatz zu dem, wie es zum Beispiel in den Vereinigten Staaten der Fall ist, wirtschaftliche Erschütterungen nach dem Wegfall der Wechselkursflexibilität nicht durch Arbeitsmobilität oder Transfers von Haushaltsmitteln abgefedert werden können. Und genau dort liegt die Ursache unseres Problems der Arbeitslosigkeit. Mit einem gehobenen Zeigefinger auf die Ursachen für die Erschütterungen zu zeigen – ob dies nun höhere Rohstoffpreise oder die Konkurrenz aus Billiglohnländern sind –, ist nur eine Übung in Nebensächlichkeit. Die herzzerreißende Wahl zwischen einem flexiblen Arbeitsmarkt oder Arbeitslosigkeit ist eine Wahl, die wir uns selbst auferlegt haben, als die europäischen Regierungschefs in Maastricht ihre Unterschrift unter den Vertrag setzten. Dieser Vertrag hat alle im europäischen Wirtschaftssystem vorhandenen Sicherheitsventile zugeschraubt, wodurch der Druck schließlich dem Arbeitsmarkt zugeführt wurde.

Vielleicht sollte jemand einmal die Worte von Wolfson ins Französische übersetzen und dann als Pamphlet unter die französischen Arbeiter verteilen, die im Dezember 1995 in Paris auf die Straßen gegangen sind. Für die Franzosen – und für die Italiener, die Belgier, die Spanier und einen Großteil der übrigen Bürger Europas – war die EWU eine defensive Maßnahme. Ein größeres Europa sollte diese Länder vor der Bedrohung durch den freien Welthandel schützen. Wenn der französische Sozialstaat nicht bestehen bleiben könnte, dann sollte man ihn vielleicht durch einen europäischen Sozialstaat ersetzen, überlegte man in Paris. Mit anderen Worten, maßstabsgetreue Vergrößerung im Dienste des Korporativismus. Anno 1997 sind wir jedoch sehr weit vom französischen Wunsch nach einem größeren Einfluß auf die deutsche Wirtschaftsmaschine entfernt. Es ist diese Maschine, die derzeit den Handel und Wandel in der europäischen Wirtschaft diktiert. Dabei ist die EWU mit den Worten von Wolfson nicht mehr als eine billige Ausrede, um das höhere Ziel eines geringeren Sozialstaates zu verwirklichen. Die Art und Weise, in der Europa diesen Gewaltakt vollzieht, wird außerdem durch die deutschen Forderungen im Vertrag von Maastricht bestimmt.

Die deutschen Politiker haben recht, wenn sie behaupten, daß Europa nicht zwischen mehr oder weniger Sozialstaat wählen kann. Niemand weniger als die britischen »Feinde« des europäischen Einigungsprozesses sind am meisten davon überzeugt (im Vereinigten Königreich und in Irland ist die Rolle der Behörden in der Wirtschaft im Vergleich mit dem restlichen Europa am kleinsten). Wie es die Briten Anfang der neunziger Jahre deutlich gemacht haben, kann Europa sehr wohl entscheiden, wie man in das überflüssige Fett des Sozialstaates schneidet. Wir können es entweder unter der Last der deflationären Maschine von Maastricht, die die Deutschen uns aufgedrängt haben. Oder wir können es dank der wirtschaftlichen Luft zum Atmen, die eine lockerere Währungs- und Haushaltspolitik uns bietet.

Nicht die unehrliche Konkurrenz aus den Billiglohnländern und nicht die unbezahlbare Last unseres Sozialstaates sind die Ursache der heutigen Wirtschaftsmisere in Europa, sondern der Vertrag von Maastricht. Im April 1996, anläßlich des fünfzigsten Todestages des britischen Volkswirts John Maynard Keynes, eines der wichtigsten ökonomischen Denker dieses Jahrhunderts, organisierte die belgische Tageszeitung *Financieel Economische Tijd* ein Interview mit vier belgischen Volkswirten zum Thema Maastrichter Vertrag. Ihre Schlußfolgerungen waren vernichtend. »Keynes hätte ihn bestimmt für eine Katastrophe gehalten«, sagte Professor Freddy Heylen von der Reichsuniversität Gent zum Vertrag. »So wie er gegen die zu hohen deutschen Schuldzahlungen nach dem Ersten Weltkrieg oder die Rückkehr des Pfundes zum Goldstandard im Jahre 1925 wetterte, so würde er jetzt die Abhandlung *The Economic Consequences of the Maastricht Treaty* schreiben.« Professor De Grauwe von der Katholischen Universität Löwen nannte es »irrsinnig«, daß man es zuläßt, daß alle europäischen Länder sich zum selben Zeitpunkt sanieren und die Bundesbank gleichzeitig eine restriktive Währungspolitik führt. Nach Meinung von De Grauwe »bittet man damit um eine Depression«.

Die europäischen Politiker sehen tatenlos zu, während der Vertrag von Maastricht sein Unheil auf dem europäischen Arbeitsmarkt stiftet. Nicht nur haben sie sich dem Diktat von Maastricht, das sie zwischen Abbau des Sozialstaates und Arbeitslosigkeit wählen läßt, gefügt, sondern es ist auch mehr als deutlich, welche Alternative sie gewählt haben. Die offizielle europäische Arbeitslosenquote liegt derzeit bereits über 11 Prozent. Das ist eine erschreckend hohe Zahl, deren soziale Implikationen ganz klar noch nicht bis zu den Politikern durchgedrungen sind. Zum Vergleich: Auf dem Höhepunkt der Depression in den dreißiger Jahren lag die Arbeitslosigkeit nur bei 10,3 Prozent. Ursache der Malaise ist das Unvermögen der Politiker, etwas gegen die neue Wirtschaftsdepression, die auf uns zukommt, zu tun. Die Zinsen senken, um so Investitionen zu fördern, geht nicht, weil dies die Stabilität der Währung in Gefahr bringt. Den sinkenden Verbrauch mit mehr öffentlichen Ausgaben zu kompensieren, wird durch die Normen des Maastrichter Vertrags ausdrücklich verboten. Die eigenen Produkte im Ausland durch eine Abwertung billiger machen, wäre eine üble europäische Machenschaft. Die Folge ist ein Teufelskreis aus sinkendem Verbrauchervertrauen, wirtschaftlicher Stagnation und steigender Arbeitslosigkeit.

Auf diese Art und Weise ist Europa in eine deflationäre Spirale geraten. Die wirtschaftliche Aktivität ist auf ein solch erschreckend niedriges Niveau gesunken, daß die Preise der Güter nicht steigen, sondern sinken. Der Index der Verbraucherpreise mag auf dem Papier in den meisten europäischen Ländern noch leicht ansteigen, die Verbraucher und Händler wissen jedoch beide, daß die Wirklichkeit anders aussieht. Deflation ist das Gegenteil von Inflation, aber ihre Folgen sind genauso erschreckend. Durch Deflation geht das Vertrauen in die Wirtschaft verloren und steigt die Arbeitslosigkeit auf ein gefährliches Niveau. Vor allem ist dieser Mechanismus äußerst ungerecht, weil er den Wert des baren Geldes zu einem Zeitpunkt steigen läßt, zu dem steigende Arbeitslosigkeit und wirtschaftliche

Rezession das Eigentum an diesem Geld auf eine immer kleiner werdende Gruppe wirtschaftlich inaktiver Personen (die Rentner) konzentriert.

Ungerecht oder nicht, es sieht nicht danach aus, daß diese deflationäre Spirale schnell durchbrochen werden wird. Nach Meinung des Volkswirts Wolfgang Barth von der Bayerischen Vereinsbank werden die Belgier durch den Maastrichter Vertrag zwischen 1996 und 2000 einen Verlust an Wirtschaftswachstum in Höhe von 6,2 Prozent erleiden. Für die Niederlande, die dank ihrer größeren wirtschaftlichen Konvergenz mit Deutschland weniger zu leiden haben, liegt der Preis bei 3,8 Prozent des BIP. Für die Länder an der europäischen Peripherie, wie Italien und Spanien, wird der Preis für Maastricht im Laufe der nächsten fünf Jahre bis auf 10,7 bzw. 15,2 Prozent des BIP steigen. Warum wagt es niemand, bei einem solch hohen Preis für einen Vertrag dessen Nutzen in Frage zu stellen? Warum kann man mit niemandem in Europa über die Möglichkeit einer Abwertung sprechen? Die *Machopolitik* der europäischen Politiker wird Europa zerfetzen, und niemand rührt einen Finger. Sollte nicht eingegriffen werden, dann wird der Vertrag von Maastricht auf dem europäischen Arbeitsmarkt eine Spur der Verwüstung hinterlassen. Erst wenn die Krise schließlich jeden politischen Widerstand zermürbt haben wird, werden die schmerzhaften Strukturentscheidungen ohne größere Probleme durchgeführt werden können.

Man könnte jedoch noch ein alternatives Szenario entwerfen. Ein Szenario, bei dem die europäischen Politiker ihre Verantwortung auf sich nehmen und im eigenen Land für Ordnung sorgen. Der Aufschub des Vertrages von Maastricht und die daraus resultierende Bewegungsfreiheit im Bereich der Währungs- und Haushaltspolitik könnte Raum schaffen für eine belebende Wirtschaftspolitik. Im Anschluß daran würden die Politiker jedoch vor die Wahl gestellt, die wirtschaftlichen Früchte dieser Politik zu vergeuden, so wie sie es in den vergangenen Jahrzehnten jedes Mal wieder getan haben, oder sie zu nutzen, um die bittere Pille der Haftbarkeit des Wohlfahrtsstaates herunterzuschlucken. Im zweiten Fall würde ein wirtschaftlich wehrhafteres Europa entstehen, das sich in den kommenden Jahrzehnten mit der allmählichen Entwicklung hin zu einer Währungsunion – und vielleicht sogar einer politischen Union – beschäftigen könnte. Ein ehrgeiziges Projekt, wofür wir entsprechend dem amerikanischen Vorbild jedoch einen langen Zeitraum einplanen müßten.

6. Binnenmarkt ade

»There is an old saying that, to my mind, exactly describes the idea of the ERM and its child the single currency: When poverty comes in the door, love goes out the window.«
Alistair McAlpine in The European

Im Februar 1993, kurz nachdem das britische Pfund aus dem EWS gefallen war, entschied der amerikanische Staubsaugerhersteller Hoover, seine Fabrik in der Nähe der französischen Stadt Dijon nach Glasgow in Schottland zu verlegen. Nach Aussage von Hoover betrugen die Produktionskosten in Glasgow, dank der niedrigeren Sozialabgaben, nur ein Drittel der Kosten in Dijon. Die direkte Folge dieser Entscheidung war ein Verlust von fast 700 Arbeitsplätzen und eine unglaubliche Hetzkampagne in der französischen Presse. Der Umzug von Hoover traf die Franzosen wie ein Kinnhaken. Der damalige französische Premierminister Bérégovoy beschuldigte Hoover des Sozialdumpings auf dem europäischen Binnenmarkt und verlangte eine Untersuchung durch die EG. Der Vorsitzende der Kommission, Jacques Delors, stimmte dem zu und beschuldigte das Vereinigte Königreich des »Falschspiels«. »Das Vereinigte Königreich macht sich des Raubes von Arbeitsplätzen schuldig und pfuscht anderen ins Handwerk«, sagte er. Mit der Zeit sank das Niveau der Tiraden. »Frankreich wird sich sozial nicht auf den Bauch legen, so wie ein anderes Land dies tut«, entfuhr es Delors etwas später. »Sie sind ein hoffärtiger bürokratischer Butler«, lautete die Antwort des britischen konservativen Parlamentsabgeordneten Winston Churchill (Enkel von *dem* Winston Churchill).

Die spontane Äußerung europäischer Verbrüderung zwischen Churchill und Delors Anfang 1993 war nur eine Kostprobe von dem, was Europa erwartet, wenn es nicht schnell lernt, daß wirtschaftliche Konvergenz monetärer Einigung voraugehen muß. Die europäischen Politiker haben mit dem Vertrag von Maastricht ein durchaus riskantes Unternehmen in Angriff genommen. Die Normen in dem Vertrag sind ein klassisches Rezept für wirtschaftliche Depression und Massenarbeitslosigkeit. Und das ist nicht die Art von Umständen, für die man vom Durchschnittseuropäer viel Solidarität erwarten kann. Dadurch, daß sie alle wirtschaftlichen Sicherheitsventile auf dem europäischen Druckkessel zugedreht haben, haben die europäischen Politiker den Binnenmarkt im Wesen in ein großes Pulverfaß verwandelt. Als einzige Frage bleibt, ob dieses Pulverfaß explodieren oder implodieren wird.

Immer mehr europäische Unternehmenschefs machen sich Sorgen über das letztere Szenario. Diese Besorgnis zeigte sich unter anderem am 13. März 1996, bei einem Vortrag von Anthony Romeo, einem der Topmanager des britisch-niederländischen Multinationals Unilever. In seiner Ansprache vor dem Royal Institute of International Affairs in London lehnte Romeo eine gemeinsame Währung, die der europäischen Wirtschaft den Wettbewerb entzieht, dankend ab: »Wenn der Euro streng beherrscht wird, dann läuft die Währung Gefahr, dem Dollarblock gegenüber stark zu bleiben. Das wird Europas Wettbewerbsfähigkeit gegenüber dem Rest der Welt verringern.« Nach Meinung des Topmanagers könnte dies Unternehmen wie Unilever dazu anspornen, einen Teil ihrer Aktivitäten außerhalb Europas anzusiedeln: »Es wird langfristig vorteilhafter sein, die EU von angrenzenden Ländern aus mit Waren zu versorgen.« Die Nachrichtenagentur Bloomberg, die Romeos Vortrag zusammenfaßte, notierte als Randbemerkung, daß Unilever am gleichen Tag mitgeteilt hatte, daß es 98 Mitarbeitern seiner niederländischen Eisfabrik Iglo/Ola kündigen wolle.

Unilever – um nur einen multinationalen Konzern zu nennen – ist sich sehr wohl bewußt, daß die EWU-Länder nicht tatenlos zusehen werden, wie ihre jeweilige nationale Wirtschaft immer mehr an Wettbewerbsfähigkeit einbüßt. Die Folgen für den europäischen Binnenmarkt könnten vielleicht eines Tages katastrophal sein. »Unilever hätte lieber eine einheitliche Währung ... aber nicht, wenn sie den Binnenmarkt gefährdet«, sagte Romeo zum Abschluß seines Vortrags.

Das Problem des »unlauteren Wettbewerbs« gibt es nicht nur zwischen Europa und dem Rest der Welt, sondern auch innerhalb der EU. Um dies zu verstehen, muß man sich nur einmal ansehen, wie es in den einzelnen Mitgliedstaaten um die Verwirklichung der Maastricht-Normen bestellt ist. Es ist todsicher, daß eine Reihe EU-Länder die Ziellinie nicht schaffen werden. Welche Länder wohl und welche nicht teilnehmen dürfen, wird Anfang 1998 auf der Grundlage der Wirtschaftszahlen aus dem Vorjahr entschieden. Die europäische Deliberation wird zweifellos eine erste schwere Nagelprobe für die europäische Einheit werden. Im Süden Europas geht man davon aus, daß der Vertrag von Maastricht ein politisches Dokument ist, was bedeutet, daß die Normen politisch interpretiert werden müssen. Im Norden jedoch betrachten die Deutschen und die Niederländer den Vertrag als eine Art Bibel der Volkswirtschaftslehre, deren Bestimmungen wortwörtlich erfüllt werden müssen. Dies macht unter anderem ein Beitrag des ehemaligen niederländischen Premierministers Ruud Lubbers deutlich, den er im April 1996 in der Zeitung *Financiële Dagblad* veröffentlichte. »Es gibt allen Grund, die 3-Prozent-Norm sehr streng zu handhaben. Da darf es keine Flexibilität geben. Eher das Gegenteil«, schrieb Lubbers. Aus Deutschland sind ähnliche Stimmen zu vernehmen. Sowohl Bundesfinanzminister Waigel als auch der Vorstandsvorsitzende der Bundesbank, Tietmeyer, wollen lieber, daß die EWU nicht kommt, als mit den Ländern, die die Maastricht-Normen nicht erfüllen, in ein Boot zu steigen. »Die Kriterien müssen streng und genauestens interpretiert werden«, sagte Tietmeyer im Juni zum wiederholten Male.

Es ist offen gesagt verwunderlich, daß die harten Aussagen aus Deutschland immer wieder vom restlichen Europa mit Erstaunen registriert werden. Wer die Geschichte des EWS studiert, der merkt, daß die Buba nie die Absicht hatte, 1999 mit den Italienern, den Spaniern oder den Portugiesen in das gleiche Boot zu steigen. Gerade die Drohung einer schwachen Einheitswährung war der Grund dafür, daß die Buba 1992 ein bißchen nachhalf, als die Währungsspekulanten das EWS kippten. Die Deutschen machten ihre Absichten noch ein zweites Mal deutlich, als sie Ende 1995 unter keiner Bedingung dem Namen ECU für die neue Währung zustimmen wollten. Für Deutschland sind das EWS und die EWU, ebenso wie der ECU und der Euro, zwei ganz verschiedene Dinge. Der Übergang zwischen beiden folgt der mathematischen Logik von Maastricht und nicht dem politischen Schachern auf europäischen Konferenzen. Wer die europäischen Tages- und Wochenzeitungen liest, wird übrigens überrascht sein von der Uneinigkeit, die in der Presse über die Maastricht-Normen besteht. In den Niederlanden und in Deutschland wird es schon seit Jahren so dargelegt, als ob das Europa der zwei Geschwindigkeiten eine vollendete Tatsache sei, während die italienische Presse noch immer behauptet, daß ihr Land eine gute Chance habe, zur Spitzengruppe zu gehören.

Seit der europäischen Gipfelkonferenz von Madrid, Ende 1995, scheint innerhalb Europas dennoch so etwas wie ein unausgesprochener politischer Konsens darüber zu bestehen, daß die Deutschen ihren Willen bekommen werden. Nach Meinung von Wim Duisenberg, Vorsitzender der niederländischen Zentralbank, bedeutet das wahrscheinlich eine Mini-Währungsunion mit Deutschland, Frankreich, Luxemburg, Österreich, den Niederlanden, Belgien, Irland und, wenn es irgendwie geht, vielleicht auch noch Finnland. Auch die Finanzmärkte scheinen übrigens an ein solches Szenario zu glauben. Professor Paul De Grauwe von der Universität Löwen führte im Mai 1996 eine Untersuchung durch, um herauszufinden, worauf die professionellen Anleger ihr Geld verwetten. Glauben sie an die Europäische Währungsunion oder wollen sie Bares für ihr Geld? Um diese Frage zu beantworten, untersuchte De Grauwe die Entwicklung der sogenannten »Forward«-Zinsen auf dem Interbankenmarkt für *forward rate agreements* oder FRA's. Auf dem Markt für FRA's können Spekulanten bereits jetzt den Zinssatz festlegen, zu dem sie in Zukunft einen Betrag leihen oder anlegen werden. Ein Spekulant, der zum Beispiel weiß, daß er in zwei Jahren einen Betrag von zehn Millionen D-Mark anlegen möchte, kann über einen FRA bereits jetzt bestimmen, zu welchem »Forward«-Zins die Anlage geschehen soll. Da »Forward«-Zinsen sich auf zukünftige Kredite und Anlagen beziehen, reflektieren sie die Erwartungen, die Anleger bezüglich der Entwicklung der Zinssätze hegen.

Die Unterschiede bei den »Forward«-Zinsen zwischen den europäischen Währungen zeigen, ob die Spekulanten an die EWU glauben oder nicht. Wenn die EWU am 1. Januar 1999 Wirklichkeit wird, dann werden die Währungen der teilnehmenden Länder wie auch der ECU ein für allemal fest an den Euro gebunden. Von dem Zeitpunkt an wird es keine Rolle spielen, ob ein Anleger sein Geld in D-Mark, Franken oder Euros anlegt. Alle diese Währungen werden de facto gleich sein und also auch die gleichen Zinssätze haben. Das bedeutet aber auch, daß die »Forward«-Zinsen, die nach dem 1. Januar 1999 an den Start gehen, für alle europäischen Währungen – oder zumindest für jene, die an der Währungsunion teilnehmen werden – identisch sein sollten.

Die Schlußfolgerungen von De Grauwe's Untersuchung sind zumindest bemerkenswert. Es stellte sich nämlich heraus, daß die Spekulanten in dem Zeitraum zwischen dem 2. Januar und dem 1. März 1996 für »Forward«-Anlagen in ECU eine Risikoprämie von 0,57 Prozent verlangten, bei einer Anlage in D-Mark dagegen nicht. Mit anderen Worten: Wer Anfang 1996 festlegen wollte, zu welchem Zinssatz er nach dem 1. Januar 1999 einen Kredit in ECU aufnehmen könnte, der sollte 0,57 Prozent mehr Zinsen zahlen als derjenige, der den gleichen Kredit in D-Mark aufnehmen möchte. Und das, obwohl beide Kredite normalerweise identisch sein sollten, weil sowohl der ECU als auch die D-Mark nach dem 1. Januar 1999 in den Euro umgewandelt werden. Welchen Schluß kann man aus der Tatsache ziehen, daß der Markt eine Anlage in ECU für wesentlich riskanter hält als eine Anlage in D-Mark? »Daß die EWU nicht kommen wird«, lautet die Schlußfolgerung von De Grauwe.

Tabelle 3: Die Spekulanten glauben nicht an den Euro

Der D-Mark-Block (die »Ins«) Spread

NLG
FF

Die Zweifler

BF
ECU

Die Unglücklichen (die »Outs«)

GBP
DKR
SEK
ESP
ITL

Risikoprämie für FRA's mit einer Laufzeit von fünf Jahren im Vergleich zur D-Mark

Quelle: De Grauwe P./J.P. Morgan

Die Ergebnisse der Untersuchung von De Grauwe werfen jedoch auch neue Fragen auf. Die »Forward-Spreads« zeigen ja, daß Spekulanten das Risiko zukünftiger Anleihen in niederländischen Gulden und französischen Francs kaum anders einschätzen als das Risiko bei zukünftigen Anleihen in D-Mark. Zukünftige Anleihen in italienischen Lira, spanischen Peseten, schwedischen und dänischen Kronen zeigen dagegen alle eine Risikoprämie von mehr als einem Prozent. Dies läßt vermuten, daß die Spekulanten glauben, daß am 1. Januar 1999 eine Art Mini-Währungsunion in Kraft treten wird, an der in jedem Fall die Niederlande, Frankreich und Deutschland teilnehmen werden. Für die anderen Länder auf Duisenbergs Liste sind die Aussichten den Finanzmärkten zufolge nicht so rosig. Die wichtigste Schlußfolgerung der Untersuchung ist dennoch, daß das Prinzip einer Mini-Währungsunion den Finanzmärkten sehr wahrscheinlich erscheint.

Die Spaltung Europas

In dem Maße, wie man in Europa immer mehr von dem Szenario eines »Europas der zwei Geschwindigkeiten« überzeugt wurde, stieg gleichzeitig auch die Furcht vor sogenannten kompetitiven Abwertungen. Ruprecht Vondran, Präsident der deutschen Wirtschaftsvereinigung Stahl, warnte im Frühjahr 1996 davor, daß im Falle einer kleinen Währungsunion die Unternehmen innerhalb der Währungsunion unter kompetitiven Abwertungen von Währungen außerhalb der EWU leiden könnten. Seiner Meinung nach sei deshalb ein System notwendig, das die Beziehungen zwischen Währungen inner- und außerhalb der Währungsunion regelt. Auch im restlichen Europa wurden ähnliche Stimmen laut.

Neben den Streitereien über verrückte Kühe machten sich die europäischen Politiker an die Arbeit, um einen würdigen Nachfolger für das EWS zu finden. Beim informellen Gipfel der EU-Finanzminister in Verona, im April 1996, wurde der neue Wechselkursmechanismus aus der Taufe gehoben. Das EWS II soll nach dem 1. Januar 1999 die Stabilität garantieren zwischen dem Euro einerseits und den Währungen, die zeitlich außerhalb der EWU bleiben, andererseits. War der Vorgänger ein kranker, aber dennoch brauchbarer Mechanismus, so ist das EWS II eine richtige Fehlgeburt. Es ist ein rein politischer Plan, der möglicherweise noch schlimmere Folgen haben wird als der Vertrag von Maastricht. Die Briten und die Schweden, die sofort den Braten rochen, erreichten zumindest, daß die Teilnahme am neuen Wechselkursmechanismus vollkommen freiwillig bleibt. Die Entscheidung über die Einzelheiten des Systems wurde beim europäischen Gipfel in Dublin, Ende 1996, getroffen, wo auch ein Kompromiß über Waigels Stabilitätspakt erreicht wurde.

Die Bedingungen für den neuen Wechselkursmechanismus sind geradezu lächerlich. Sie laufen darauf hinaus, daß eine begrenzte Anzahl von EU-Staaten (die »Ins«) Anfang 1999 mit der EWU an den Start gehen. Die übrigen Staaten Europas (die »Outs«) bleiben draußen in der Kälte stehen und werden in ein neues EWS gezwungen. Es ist klar, daß Brüssel mit bedeutenden Summen an Schmiergeldern winken wird – die Eurokraten reden in diesem Zusammenhang lieber von Fördermitteln –, um Länder wie Italien und Spanien durch wirtschaftliche Erpressung in ein solches Abkommen zu zwingen.

Das EWS II ist ein echtes Straflager für wirtschaftlich schwache Mitgliedstaaten wie Italien, Griechenland, Spanien, Portugal und das Vereinigte Königreich, das wahrscheinlich selbst dafür plädieren wird, der EWU nicht anzugehören. Wenn die »Ins« ihre Währungsunion einmal vollendet haben, dann gibt es keinen einzigen Grund mehr, weshalb die »Outs« immer noch in ein Haushalts- und Währungskorsett à la Maastricht gezwungen werden sollten. Der Vertrag sieht ja kein festes Szenario für einen späteren Beitritt zur EWU vor. Es steht Ländern wie Italien oder Schweden mit anderen Worten frei, selbst zu bestimmen, wie lange sie brauchen werden, um die Konvergenzkriterien von Maastricht zu erfüllen und den Euro einzuführen.

Die enorme Bedeutung, die die Kernländer wie Frankreich und Deutschland dem neuen EWS beimessen, beweist, daß sie selbst wissen, daß die EWU in den Kernländern zu einer regelrechten wirtschaftlichen Depression führen wird. Wenn das Abwerten einer Währung keine wirtschaftlich sinnvolle Lösung ist für die Probleme in einem Land wie Belgien, warum muß dann der belgische Premierminister seinen britischen Kollegen vor Sanktionen warnen, wenn die Briten für eine Abwertung des

Pfundes stimmen würden? Wenn eine Abwertung eine solch dumme Entscheidung ist, dann soll man die Briten und Italiener doch machen lassen. Durch ihre Eile, sogenannte »kompetitive Abwertungen« von vornherein zu verurteilen, geben die europäischen Politiker zu, daß sie wissen, daß es den »Outs« wirtschaftlich besser gehen wird als den »Ins«. Die Arbeiter und die Unternehmenschefs im Kern Europas werden nach dem 1. Januar 1999 durch eine wirtschaftliche Hölle müssen, während ihre Kollegen am Rande Europas von einem wirtschaftlichen Wiederaufschwung, wie das Vereinigte Königreich ihn 1993 erlebt hat, profitieren werden. Um dieses Szenario zu verhindern, mußte ein neues EWS her, das den »Outs« die Vorteile ihrer Stellung außerhalb des europäischen Kerns verwehren würde, ohne ihnen jedoch gleichzeitig die Vorteile der »Ins« zu gewähren.

Das EWS II zeigt das wahre Gesicht des asozialen Europas. Eines Europas, dessen Kern nicht dafür zahlen möchte, die Randgebiete voranzubringen. Mehr noch, ein Europa, wo die Peripherie für ein System mitbezahlen muß, dessen Früchte sie wahrscheinlich nie wird ernten können. Es ist dieser Konflikt, der zu einer Spaltung Europas und dem Verschwinden des Binnenmarktes führen wird. Die »Ins«, die infolge der unmenschlichen Währungspolitik, zu der der Euro sie zwingt, im eigenen Land mit enormen sozialen Problemen konfrontiert werden, werden nach 1999 beschuldigend mit einem Finger auf die bösen »Outs« zeigen, die wettbewerbsbedingte Abwertungen mißbrauchen werden, um den europäischen Binnenmarkt aus den Angeln zu heben. Der hitzige Wortwechsel zwischen Delors und Churchill im Jahre 1993 wird angesichts dieser Gewalt zu einem freundschaftlichen Kaffeeklatsch verblassen. Und der Binnenmarkt? Der wird verschwinden, wenn die »Ins« entscheiden werden, daß sie sich vor dem unehrlichen Wechselkursvorteil der »Outs« mit Handelsschranken schützen müssen. Europa wird dann mit einem Schlag um mehr als dreißig Jahre zurückgeworfen werden. Und dies alles dank der Sturheit der europäischen Politiker, die ihre Pläne für die monetäre Vereinigung Europas um jeden Preis durchsetzen mußten.

Dieses Szenario mag wie eine übertriebene Unkerei erscheinen – ist es aber nicht. Im Gegenteil. Verschiedene europäische Politiker haben bereits offen zugegeben, daß sie den europäischen Binnenmarkt zur Not für die Europäische Währungsunion opfern wollen. »Wenn die Europäische Währungsunion 1999 nicht Wirklichkeit wird, dann werden wir Maßnahmen gegen EU-Mitgliedstaaten wie Italien, Spanien und das Vereinigte Königreich ergreifen, die mit ihren kompetitiven Abwertungen den Markt stören«, drohte der belgische Premierminister Dehaene im Februar 1996 beim World Economic Forum in Davos. In Verona drohte Dehaene damit, daß die Mitgliedstaaten, die ihre Währung weniger rigoros unterstützen, möglicherweise aus dem Binnenmarkt gestoßen würden. Ist das die ultimative Belohnung, die Belgien dafür bekommt, daß es jahrelang der Buba Sklavengehorsam geleistet hat? Daß es den europäischen Partnern, die weniger hörig gewesen sind, die Tür zeigen darf?

Die europäischen Politiker scheinen sich fest vorgenommen zu haben, ihren Mythos des Tandems Wirklichkeit werden zu lassen. Der Binnenmarkt kann nur weiterbestehen, wenn die europäische wirtschaftliche, monetäre und politische Einigung weiter vorwärts radeln kann. Hält das Tandem an, fällt es um. Mit anderen Worten, wenn die monetäre Einigung verwirklicht wird, dann wird auch der Binnenmarkt verschwinden. Bis vor Verona war es ein rein politisches Dogma, das wirtschaftlich kaum stichhaltig war. Nach dem Gipfeltreffen von Verona ist es jedoch sonnenklar, daß die europäischen Politiker das Tandem notfalls selbst umstoßen werden, nur um zu beweisen, daß sie recht haben.

Das EWS II ist nicht nur eine Garantie für eine Spaltung Europas, sondern es ist außerdem, rein technisch gesehen, ein System, das nicht funktionieren kann. Das einzige, was die Eurokraten aus der EWS-Krise von 1992-1993 gelernt haben, ist die Kunst, ein noch kränkeres Währungssystem als das erste zu erdenken. Das EWS war krank, weil es keinen Anker hatte. Es überlebte einzig und allein dank seiner Flexibilität und dank der heilsamen Auswirkung, die die deutsche Anti-Inflationspolitik auf den Rest Europas hatte. Als diese zwei positiven Elemente verschwanden, war das EWS zum Tode verurteilt. Das neue EWS wird zwar einen Anker haben, den Euro, aber wenn die Staaten sich streng an die Normen von Maastricht halten, dann wird dieser Euro nicht mehr sein als eine D-Mark in einem neuen Gewand. Die Volkswirte sind außerdem besorgt, daß die neue Europäische Zentralbank bei dem Versuch, sich zu beweisen, eine noch rigorosere Anti-Inflationspolitik führen wird als die Buba. Die wahrscheinliche Folge wird eine europäische Währungspolitik sein, die von Anfang an für die »Outs«, die Mitglied des EWS II sind, mörderisch sein wird. Die Flexibilität, die das alte EWS jahrelang am Leben gehalten hat, ist in dem neuen System gar nicht mehr vorhanden. Der neue Wechselkursmechanismus wurde gerade erfunden, um Abwertungen der schwachen europäischen Währungen gegenüber dem Euro zu verhindern. Die zwei Faktoren, die das alte EWS Anfang der neunziger Jahre fertiggemacht haben, sind mit anderen Worten von Anfang an im neuen EWS wieder mit eingebaut.

Die Chance, daß das neue Wechselkurssystem von Anfang an lahmen wird, ist denn auch reell. Wenn einmal deutlich geworden ist, wer wohl und wer nicht bei der EWU mitspielen darf, werden die Währungsspekulanten das neue EWS zerlegen, noch bevor es in die Fugen geraten kann. Die breiten Schwankungsmargen von 15 Prozent, die jetzt für das EWS II vorgeschlagen werden, werden daran nur wenig ändern. Für die Spekulanten wird es ja sehr interessant werden, schwache Währungen wie die Lira kurz vor der Einführung des Euro zu verkaufen. Diese Währungen werden nicht an der EWU beteiligt sein, werden aber wohl den Kurs des Euro mitbestimmen. Das heißt, daß die Zentralbanken verpflichtet sein werden, die schwachen Währungen zu verteidigen, wenn sie den Umtausch des ECU in den Euro nicht erschweren wollen. Ist dieser Umtausch einmal geschehen, werden die Kurse der Währungen der »Outs« jedoch rapide sinken.

Eine Währungskrise zu Beginn der EWU, bei der die schwachen europäischen Währungen der »Outs« unter starken Druck geraten, könnte eine Spaltung Europas zweifellos beschleunigen. Die Chance, daß Italien seine Lira beschützen kann, wenn die Währungsspekulanten Blut riechen, ist gleich Null. Das gleiche gilt für die anderen schwachen Währungen im neuen EWS. Die Diskussion über die Verantwortung für solch eine neue Krise und die Enttäuschung über den schnellen Zusammenbruch des neuen EWS würden die Einführung von Sanktionen gegen die abwertenden »Outs« zweifelsohne beschleunigen.

Der europäische Friedhof

Trotz der wirtschaftlichen Folgen des oben geschilderten Katastrophenszenarios wird die Chance auf eine Spaltung des Binnenmarktes aus politischer Sicht immer größer. Protektionismus – eine Idee, die dem europäischen Einigungsgedanken diametral entgegensteht – erfreut sich nicht nur bei den Politikern einer immer größer werdenden Beliebtheit, sondern auch der Durchschnittsbürger glaubt immer mehr, daß wir eine Mauer um Europa hochziehen müssen – sei es, um ein Europa mit fünfzehn Mitgliedstaaten oder um das kleine Europa, zu dem nur jene Länder gehören, die die EWU-Normen erfüllen. Erneut sind es die wirtschaftlichen Folgen des politischen Streits, die dieser Bedrohung zugrundeliegen. Es sind die absurden Normen von Maastricht, die in Europa eine wirtschaftliche Malaise und ein Klima politischen Unbehagens geschaffen haben, in dem billige Verlegenheitslösungen wie Protektionismus einen Nährboden finden.

Bemerkenswerterweise sind es die französischen Meister der europäischen monetären Einigung, die mit allen Aspekten des europäischen Binnenmarktes die meisten Probleme haben – und die also auch am lautesten für Protektionismus sind (selbst nennen sie es lieber einen gerechtfertigten Schutz ihrer Kultur). Daß die Deutschen Abstand nehmen müssen von ihrer geliebten D-Mark und daß Europa unter einer allumfassenden Bürokratie nach französischem Vorbild vereinigt wird – das wäre ganz nach dem Geschmack der französischen »Énarques«. Die französischen Staatsbetriebe – und die französische Kultur – den subversiven Einflüssen von außen auszusetzen, ist jedoch ganz etwas anderes. Vor allem, wenn diese subversiven Einflüsse von den verachteten angelsächsischen Handelspartnern stammen. Die Franzosen sind nie Befürworter des Freihandels gewesen. Es ist ein System, das sich beißt mit dem französischen Korporativismus und das völlig ungeeignet ist, die französischen Belange in der Welt zu verteidigen. Der europäische Freihandel war für die Franzosen nur ein Mittel, um durch eine Heirat mit Deutschland den Todesstoß für die kranke französische Wirtschaft etwas hinauszuzögern.

Nicht nur in Frankreich, sondern auch in Belgien ist der Ruf nach Protektionismus immer deutlicher hörbar. Norbert von Kunitzki, Vorsitzender der belgischen Stahlgruppe Sidmar, rief im März 1996 dazu auf, daß Europa sich vor der unehrlichen asiatischen Konkurrenz verschließen sollte. Nach Meinung von von Kunitzki ist der Freihandel eine britische Erfindung aus der Zeit des 19. Jahrhunderts, als das Vereinigte Königreich die stärkste Handelsmacht war. Anno 1996 ist das System seiner Meinung nach nicht nur tödlich für die entwickelten Länder, sondern auch total überholt. Bemerkenswerterweise verbindet von Kunitzki sein Plädoyer für Protektionismus mit einem Aufruf, den europäischen Binnenmarkt schnell auf Osteuropa und die Mittelmeeranrainerstaaten auszudehnen und den Euro sofort einzuführen. Von Kunitzkis Plädoyer für eine Erweiterung des Binnenmarktes ist ohne Zweifel gerechtfertigt. Aber wie will man innerhalb nur weniger Jahre einen gemeinsamen Markt mit 700 Millionen Verbrauchern schaffen, wenn man innerhalb dieses Marktes auch noch ein und dieselbe Währung benutzen will?

Bereits im vorigen Kapitel haben wir deutlich gemacht, daß eine Währungsunion soziale, wirtschaftliche und haushälterische Solidarität verlangt. Die Tabuisierung der Steuerharmonisierung und des EWS II zeigt, daß eine solche Solidarität im Europa der Fünfzehn nicht vorhanden ist. Und in einem noch größeren Europa wird es sie schon gar nicht geben. Protektionismus ist nichts anderes als ein gefährliches politisches Argument, das die Europäer lehrt, noch weniger solidarisch zu sein. Protektionismus wird nicht zu einer Erweiterung Europas beitragen, sondern er wird Europa langfristig verkleinern. Zuerst errichten wir eine Mauer, um uns vor Asien und anschließend vor Lateinamerika zu schützen. Danach folgen die Länder an der Peripherie Europas. Inzwischen werden unsere strukturellen Wirtschaftsprobleme immer größer und steigt die Arbeitslosigkeit immer weiter, was zur Folge hat, daß der Ruf nach Protektionismus immer lauter wird. Wenn wir keinen Sündenbock außerhalb Europas mehr finden, dann werden es die Länder außerhalb des Kerns der EWU sein, die sozusagen die Ursache allen Elends sind: die Briten, die sich gegen einen sozialen Vertrag von Maastricht wehren, und die Italiener, die ihre Lira jedesmal abwerten. Alles, was schließlich von Europa übrigbleiben wird, ist ein kleiner industrieller Friedhof von etwa sieben Ländern mit einer hohen Mauer drumherum.

7. Europa erwacht aus einem schönen Traum – oder war es ein Alptraum?

»Jede Wahrheit durchläuft drei Stadien: erst wird sie verspottet, dann wird ihr heftig widersprochen, und schließlich wird sie als Selbstverständlichkeit akzeptiert.«
Arthur Schopenhauer

»Gibt es denn jetzt wirklich noch jemand in Europa, der an die Europäische Währungsunion glaubt?« fragt sich Michael Metz. Metz ist *chief strategist* bei Oppenheimer & Co., einem der wichtigsten Investitionshäuser an der Wall Street. In Europa scheint niemand viel von der Meinung, die Metz und seine Kollegen in den Vereinigten Staaten von der Idee der Europäischen Währungsunion haben, zu halten. Warum sollte man der Ansicht eines amerikanischen Gurus, der sechs Zeitzonen von Europa entfernt lebt, Aufmerksamkeit schenken, ist die gängige Meinung. Vielleicht, weil dieser Guru in der Vergangenheit eine Menge Geld mit seinen unpopulären – aber gleichzeitig sehr exakten – Vorhersagen verdient hat? Im Sommer des Jahres 1992, Monate, bevor die ganze Welt wußte, wer George Soros war, sagte Metz in einem Untersuchungsbericht vorher, daß das Pfund aus dem EWS fallen würde. Metz nannte es »eine Dummheit«, die Bundesbank über die Währungspolitik im Vereinigten Königreich und Italien entscheiden zu lassen. Nur wenige hörten auf ihn, aber Metz sah, daß er recht hatte. Als er kurz darauf den Zusammenbruch des gesamten EWS vorhersagte, bekam er wieder recht. Seinen Kunden hat es auf jeden Fall was genutzt.

Metz ist einer der wenigen amerikanischen Volkswirte

mit einem aufrichtigen Interesse für die europäischen Pläne für eine Währungsunion. Für den Großteil der amerikanischen Finanzwelt ist die EWU ein sogenannter »non-event«. Dies kann manchmal zu durchaus peinlichen Situationen führen, wie zum Beispiel im März 1997, als die *London International Financial Future Exchange (LIFFE)* sich gezwungen sah, eine geplante Konferenz zum Thema EWU in New York abzusagen. Austragungsort für das groß aufgezogene Ereignis war das prestigeträchtige Crown Plaza Hotel mitten in Manhattan. ICM verschickte nicht weniger als 20.000 Broschüren an die wichtigsten amerikanischen institutionellen Anleger, Banker und Maklerfirmen. Von denen wurde erwartet, daß sie 1.295 Dollar pro Person hinlegen würden, um den Vorträgen einiger führender europäischer Volkswirte über die Pläne für die EWU zu lauschen. Einige Tage vor der Konferenz teilte die *Financial Times* mit, daß die Veranstaltung abgesagt worden sei. Die Organisatoren hatten noch nicht einmal 20 Anmeldungen erhalten. Eine Sprecherin der Organisation erklärte die Absage folgendermaßen: »Wahrscheinlich muß man fairerweise sagen, daß die gängige Meinung in den Vereinigten Staaten die ist, daß die EWU einfach nicht kommen wird.«

Die Amerikaner glauben nicht nur nicht an die EWU, sie halten sie ehrlich gesagt auch für eine bitterschlechte Idee. Robert J. Samuelson, Kolumnist für die populäre amerikanische Wochenzeitschrift *Newsweek*, formulierte die amerikanische Skepsis Anfang 1997 folgendermaßen: »Die EWU ist eine bescheuerte Idee. Ehrlich gesagt ist es eine Idee, von der ich dachte, daß sie aufgrund ihrer eigenen Dämlichkeit untergehen würde.« Amerikanische Volkswirte vergleichen die EWU mit ihrer eigenen Währungsunion und erkennen in dem Projekt so viele Fehler, daß sie unmöglich glauben können, daß Europa die Ab-

Abbildung 9: Die Arbeitslosigkeit steigt. Der Unfriede wächst.

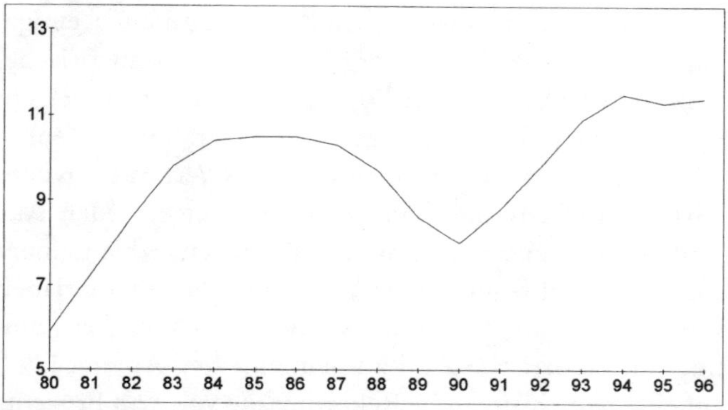

Europäische Arbeitslosenquote

sicht hat, es fortzuführen. »Bald wird die EWU für 100 Jahre aufgeschoben«, sagt Metz schon seit mehr als einem Jahr voraus. Jedesmal, wenn wir ihn mit dem Ausbleiben seiner Vorhersage konfrontieren, wiederholt Metz seine Worte: »Die wirtschaftliche Last der EWU ist untragbar. Das Endspiel hat begonnen. Europa steht auf dem Punkt, aus einem schönen Traum zu erwachen.«

Das europäische Paradox

Hat Metz recht? Wird Europa bald von der deflationären Zwangsjacke von Maastricht erlöst werden? Es sieht danach aus, daß die europäischen Politiker sich Mitte 1997 noch größtenteils in der Phase der Verneinung befanden. Beim Treffen der europäischen Finanzminister im niederländischen Noordwijk, im April 1997, betonte der französische Finanzminister Jean Arthuis erneut, daß sowohl

Frankreich als auch Deutschland die Maastricht-Normen erfüllen werden. Über die Veröffentlichung einer geheimen Notiz in der französischen Zeitung *Le Monde*, einige Tage später, aus der hervorgeht, daß das französische Haushaltsdefizit im Jahre '97 bis auf 3,8 Prozent steigen wird, wurde in Paris hinweggelacht. Überall in den europäischen Hauptstädten lebt ein bizarres Vertrauen in den wirtschaftlichen Aufschwung, der sozusagen jeden Augenblick kommen soll. Daß die Wirtschaftszahlen einen solchen Aufschwung nirgends erkennen lassen, tut dabei wenig zur Sache. Die französische Arbeitslosigkeit, um nur eine statistische Zahl zu nennen, stieg Anfang 1997 auf eine neue historische Rekordmarke von 12,8 Prozent. Etwa zur gleichen Zeit wurden Frankreich und Belgien von den knallharten Einsparungsplänen des französischen Konzerns Renault getroffen. Wenn es den Aufschwung, von dem Arthuis und seine Kollegen reden, denn schon gibt, dann spürt der Mann auf der Staße ihn aber kaum.

Offensichtlich ist etwas nicht in Ordnung mit der europäischen monetären Einigung. Je weiter die wirtschaftlichen Stützpfeiler dieser Einigung einsacken, um so tiefer stecken die Politiker ihre Köpfe in den Sand. In Interviews und bei Pressekonferenzen wird jedesmal behauptet, daß die Luft rein sei. Mehr noch, sowohl in politischen Kreisen als auch auf den Wechselmärkten herrscht eine euphorische Stimmung. Der Ursprung dieser Euphorie ist auf das informelle Treffen der EU-Finanzminister in Verona, im April '96, zurückzuführen. Dort wurde, wie im vorigen Kapitel dargelegt, ein Übereinkommen über einen neuen europäischen Wechselkursmechanismus erreicht, der die Wechselkurse der »Outs« an den Euro binden soll. Nachdem deutlich geworden war, daß nur eine kleine Anzahl Länder für den

Start der EWU am 1. Januar 1999 in Betracht kommen würde, stieg unter den »Ins« die Furcht, daß die »Outs« nach diesem Datum durch kompetitive Abwertungen ihre Konkurrenzposition innerhalb des Binnenmarktes verbessern würden.

Obwohl die Teilnahme an dem neuen Wechselkursmechanismus freiwillig ist, stärkte die Gipfelkonferenz in Verona doch das Vertrauen der Finanzmärkte in die EWU. Die Tatsache, daß die europäischen Finanzminister sich so sehr über die Absprachen über Sanktionen einig waren, ließ sie kurz die anderen Probleme vergessen. Die Euphorie in Verona erreichte ihren Höhepunkt, als Kommissar de Silguy seinen Vorschlag auftischte, den neuen Euro-Banknoten eine blaue Farbe zu geben, als Alternative zum grünen Dollar. »Die Europäer hätten dann *blue-backs*, genauso wie die Vereinigten Staaten ihren *green-back* haben«, sagte de Silguy. Wer weiß, vielleicht würde der wachsende Unfriede der europäischen Bürger schmelzen wie Schnee in der Sonne, jetzt, wo sie dem noch nicht greifbaren Euro schon mal eine Farbe geben konnten.

Sogar die Finanzmärkte schienen der Rhetorik von Verona zu glauben. Die Nachrichtenagentur Bloomberg meldete Mitte 1996, daß durch den Gipfel von Verona das Vertrauen in den ECU-Markt erheblich gewachsen sei. Analytiker benutzen den *Spread* zwischen dem Marktkurs des ECU und dem theoretischen Kurs als eine Art Barometer für den Glauben des Marktes an das Gelingen der EWU. Da der ECU eine Korbwährung ist, kann man den theoretischen Kurs des ECU aus den Kursen der verschiedenen europäischen Währungen im EWS errechnen. Zugleich gibt es auch einen reellen Markt in ECU-Obligationen und ECU-Einlagen, die zu einem Marktkurs führen. Dadurch, daß man der europäischen monetären

Einigung mißtraut, notiert der ECU zu einem Marktpreis, der niedriger ist als der theoretische Preis. Der *Spread* oder die Differenz zwischen beiden Kursen stieg Ende Januar 1995 bis auf über 3 Prozent – nicht zufällig der Zeitpunkt, an dem zum ersten Mal klar wurde, daß die Maastricht-Normen unsinnig waren. Bloomberg bemerkte jedoch, daß der *Spread* zwischen beiden Kursen nach dem Gipfel von Verona erheblich gesunken war. Ein Beweis dafür, daß die Anleger wieder wesentlich mehr Vertrauen hatten in den ECU als Vorläufer eines harten Euros.

Die Euro-Euphorie hielt fast das ganze Jahr 1996 an und erhielt außerdem nach dem europäischen Gipfel in Dublin im Dezember einen neuen Impuls. Dort wurde das EWS II fertiggestellt und Übereinstimmung über Waigels Stabilitätspakt erreicht. Die Finanzmärkte waren Ende 1996 davon überzeugt, daß das Schließen eines solchen Pakts eine conditio sine qua non sei, damit Deutschland sich weiter an der EWU beteiligen würde. Die meisten Beobachter gingen denn auch davon aus, daß der deutsche Finanzminister nicht von seiner Forderung nach automatischen Strafmaßnahmen für jene Länder, die nach dem 1. Januar 1999 die 3-Prozent-Norm überschreiten, abrücken würde. Bemerkenswerterweise stimmte Waigel jedoch einem französischem Kompromiß zu, der nach Meinung vieler Fachleute eine Aufweichung des deutschen Forderungenpakets darstellte. Der neue Stabilitätspakt sieht zwar noch immer Strafmaßnahmen für Steuersünder vor, aber die Entscheidung, Strafen aufzuerlegen, liegt bei Politikern, die mit mildernden Umständen rechnen können. Für die Währungsspekulanten war Waigels Kapitulation vor einem Stabilitätspakt mit automatischen Strafmaßnahmen eine wichtige Trendwende. Es war das erste Mal, daß Deutschland zu Zugeständnissen bereit schien, wenn es damit die EWU retten könnte.

Auch die Zinsmärkte zeigten Anfang '97 ein blindes Vertrauen. Die Differenz zwischen den französischen und deutschen Zinsen auf Staatsobligationen mit einer Laufzeit von zehn Jahren sank zwischen dem 1. Januar und dem 1. Juni 1996 von 0,65 Prozent auf 0 Prozent. Dies impliziert, daß Anleger eine Anlage in französischen Obligationen nicht mehr für riskanter hielten als eine Anlage in deutschen Staatspapieren. Heißt das auch, daß die EWU ohne Zweifel Wirklichkeit werden wird? Vielleicht ja und vielleicht nein. Wie die nachstehende Grafik zeigt, ist die Konvergenz zwischen den deutschen und französischen Zinssätzen keineswegs eine Garantie für Währungsstabilität. Im Frühsommer 1993 zum Beispiel sank die deutsch-französische Zinsdifferenz auch bis auf null Prozent. Das übertriebene Vertrauen der Finanzmärkte in die französische Währungspolitik war jedoch nichts anderes als die Ruhe vor dem Sturm. Die französischen Versuche, ihren offiziellen Zinssatz im Juli 1993 unter den deutschen Zinssatz zu senken, endeten glimpflich. Kurz darauf flammte die spekulative Unsicherheit wieder auf, wonach das EWS Mitte August völlig aus den Fugen geriet.

Der Frühsommer ist, historisch betrachtet, immer die Zeit gewesen, in der das Fundament für einen Finanzcrash im Spätsommer oder Herbst gelegt wird. Nach Meinung einiger Spekulanten war die Gutgläubigkeit der Finanzmärkte Anfang 1997 denn auch nicht mehr als die Ruhe vor dem Sturm. »Maastricht ist ein fundamental gebrechliches System«, meint Brian Reading, Direktor des renommierten britischen Forschungsbüros Lombard Street Research. Den europäischen Politikern ist es lange gelungen, die ökonomischen Gebrechen ihres geistigen

Abbildung 10: Französisch-deutsche Konvergenz

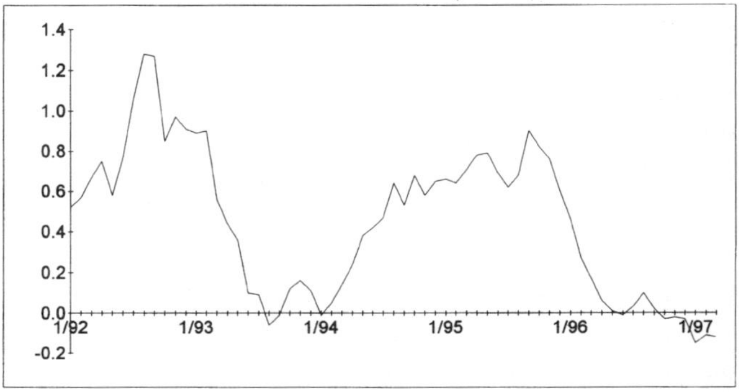

Zinsdifferenz zwischen französischen und deutschen Obligationen mit einer Laufzeit von zehn Jahren
Quelle: Bloomberg

Kindes zu verbergen. Je weiter es jedoch mit der europäischen Wirtschaft bergab geht, um so deutlicher werden die Risse im Vertrag von Maastricht.

Es ist die Wirtschaft, Dummkopf

»It's the economy, stupid« (Es ist die Wirtschaft, Dummkopf), so lautete der Spruch, mit dem Präsident Clinton 1992 das Weiße Haus eroberte. Es ist der gleiche Spruch, der die europäischen Finanzminister noch jahrelang verfolgen wird. Während die europäischen Politiker mit ihren Köpfen in den Wolken schweben, sinkt unter ihren Füßen der wirtschaftliche Nährboden für ihre Währungsunion weg. Als Europa vor Jahrzehnten seinen Integrationsprozeß begann, gab es unendlich viele und hohe Schranken, die überwunden werden mußten. Schließlich ist es jedoch das einfache makroökonomische Spiel von

Angebot und Nachfrage, das die Währungsunion zu kippen droht. Das heißt nicht, daß der ganze Verfallsprozeß ohne Wissen der europäischen Spitzenpolitiker und Zentralbanker geschehen ist. Mit ihrem fast pathologischen Festhalten an den absurden Normen von Maastricht haben sie ja selbst alles dafür getan, der europäischen Wirtschaft den Hals umzudrehen.

Sogar jetzt, wo der europäischen Wirtschaft das Wasser bis zum Hals steht, weigern sich die Politiker, den Ernst der Lage einzusehen. Statt dessen suchen sie ihr Heil in neuen ehrgeizigen Plänen wie »Verträge mit der Zukunft« und »Stabilitätspakte«. Diese leeren Sprüche können dennoch unmöglich die beiden wirtschaftlichen Kräfte bezwingen, die ungestört weiter am europäischen Traum nagen: die steigende Arbeitslosigkeit in Europa und der ungebremste Rückgang wirtschaftlicher Aktivität. Die Arbeitslosigkeit und der soziale Unfriede drohen den politischen Druck auf den Kessel dermaßen zu erhöhen, daß die europäischen Politiker gezwungen sein werden, das Korsett von Maastricht abzuschütteln.

Obwohl die europäischen Politiker ihr Bestes taten, um das nahende Gewitter zu leugnen, begann das Elend bereits 1996. Denn nur einige Tage, nachdem sie sich in Verona selbst auf die Schultern geklopft hatten, bekamen die europäischen Finanzminister vom Internationalen Währungsinstitut eine erste kalte Dusche. Am 17. April 1996 veröffentlichte das IMF einen Bericht, aus dem hervorging, daß sowohl Deutschland als auch Frankreich die Normen von Maastricht nicht erfüllen würden. Der große Buhmann war das langsame Wirtschaftswachstum in Europa, wodurch die Erfüllung der Haushaltsbedingungen im Vertrag in immer weitere Ferne rückte. Das IMF sagte Deutschland für 1997 ein Defizit in Höhe von

3,4 Prozent des BIP voraus. Für Frankreich prognostizierte es ein Defizit von 3,6 Prozent.

Welchen Nutzen hatte das Pläneschmieden durch die europäischen Finanzminister dann noch, wenn sogar die europäische Spitzengruppe anscheinend nicht in der Lage ist, die Ziellinie zu überqueren? Die Einigung über einen neuen Wechselkursmechanismus zwischen den Währungen der »Ins« und der »Outs«, die nur einige Tage zuvor erreicht worden war, schien plötzlich nicht mehr als ein unbedeutendes Kibbeln zu sein. Ein jeder in Europa weiß ja, daß es keine Währungsunion geben wird, wenn Frankreich und Deutschland nicht daran teilnehmen werden. Bedeuteten die IMF-Zahlen, daß die Maastricht-Normen angepaßt werden sollten? »Auf keinen Fall«, so schallte es über den Rhein. Mitte Mai, während einer Konferenz für Währungshändler in Frankfurt am Main, ließ Buba-Vorstandsvorsitzender Hans Tietmeyer keinen Zweifel daran bestehen, daß Deutschland alle Maastricht-Normen erfüllen würde. Finanzminister Waigel versuchte seinerseits den deutschen Gesichtsverlust zu begrenzen mit dem Vorwurf, daß der IWF seine Hausaufgaben nicht gut gemacht habe. Das Institut berücksichtige nicht die geplanten Einsparungen in Deutschland, behauptete er. Der Tenor für die Diskussion war jedoch festgelegt. Zumal die OECD in ihrem halbjährlichen *World Economic Report*, der Ende Dezember veröffentlicht wurde, die früheren Zahlen des IWF bestätigte. Sowohl Deutschland als auch Frankreich werden die Maastricht-Normen nicht erfüllen können, so lautete die Schlußfolgerung der OECD. Die Organisation sagte voraus, daß beide Länder 1997 ein Haushaltsdefizit in Höhe von 3,4 bzw. 3,2 des BIP haben werden.

Die Zahlen des IWF und der OECD reichten aus, um die europäischen Politiker zu drastischen Maßnahmen anzuspornen. Konfrontiert mit einer unzufriedenen

Wählerschaft, die inzwischen von Euro-Steuern und anderen Einsparungen im Zeichen von Maastricht die Nase voll hatte, blieb jedoch nur sehr wenig Fett übrig, das man wegschneiden konnte. Anstatt die naheliegenden Konsequenzen, daß die Maastricht-Normen nicht zu schaffen sind, zu akzeptieren, griffen die europäischen Politiker in die Haushaltstrickkiste. Der am meisten ins Auge springende Trick war zweifellos die Entscheidung der französischen Regierung, eine einmalige Zahlung von 37,5 Milliarden französischen Francs (etwa 0,5 Prozent des französischen BIP) von France Telecom als Einnahme für 1997 zu verbuchen. Als Gegenleistung für diese Zahlung übernimmt der französische Staat einen Teil der zukünftigen Rentenverpflichtungen des nationalen Telecom-Konzerns – eine zukünftige Ausgabe, wofür natürlich keine Rücklagen gebildet wurden.

Die kreative französische Buchhaltung balancierte auf dem Rand des Erlaubten, was dennoch ohne allzuviel Protest im restlichen Europa akzeptiert wurde. Weil fast jeder frisiert, konnte niemand den Franzosen große Vorwürfe machen. Ein Untersuchungsbericht der amerikanischen Investitionsbank Goldman Sachs enthüllte im Januar 1997, daß wohlgemerkt sieben europäische Länder haushälterische Tricks anwenden, um die Maastricht-Normen zu erfüllen. Die größten Trickser seien die Belgier, die ihre Goldreserven zu Geld machten, um die Staatskasse zu füllen. Der einmalige Ertrag dieses Verkaufs (in Höhe von 2,8 Prozent des belgischen BIP) wurde gierig in den belgischen Haushalt aufgenommen. Waigel scheiterte an der Buba, sich durch eine Neubewertung des Goldes zu sanieren. Die Deutschen begingen eine weniger schwere Sünde und zögerten die Senkung des Solidaritätszuschlags hinaus, wodurch sie das Haushaltsdefizit für 1997 um 0,1 Prozent senkten.

Trotz der ausgeklügelten Haushaltstricks wurde im Laufe des Jahres 1997 deutlich, daß die Normen von Maastricht einfach nicht zu schaffen sind. Ende Januar teilte die deutsche Regierung in ihrem Jahreswirtschaftsbericht mit, daß das offizielle Haushaltsdefizit 1997 2,9 Prozent betragen würde. Das heißt, daß Deutschland nicht viel Spielraum bleibt. Spielraum, den das Land dennoch brauchen wird, sollte die europäische Wirtschaft auf dem eingeschlagenen Weg weitergehen. Anfang Februar wurde bekannt, daß die deutsche Arbeitslosenzahl auf 4,66 Millionen Personen angestiegen war. Die höchste Arbeitslosenquote seit den dreißiger Jahren. Die Zahlen bewiesen, daß der deutsche Arbeitsmarkt in einem tiefen Tal sitzt, und sie verkündeten außerdem nichts Gutes für den deutschen Haushaltsplan, der von nur 4,1 Millionen Arbeitslosen ausgeht. Die sechs wichtigsten Wirtschaftsforschungsinstitute in Deutschland machten am 22. April das Maß mit ihrer Vorhersage, daß die deutsche Wirtschaft 1997 um 2,25 Prozent wachsen würde (anstelle von 2,5 Prozent, wie man in Bonn erwartet hatte), noch etwas voller. Und in Frankreich? Dort behauptete die Zeitung *Le Monde* im Laufe des Monats April weiterhin, daß interne Berichte des Finanzministeriums ein Defizit von 3,7 Prozent vorhersagten. Einzig und allein die Europäische Kommission blieb optimistisch. In Übereinstimmung mit ihrer Tradition, völlig unglaubwürdige Zahlen zu veröffentlichen, verkündete sie am 23. April 1997 ihre eigenen Prognosen für die EWU. Mit Ausnahme von Griechenland und Italien wird jedes Land die Maastricht-Normen erfüllen, so sagte sie voraus. Glaube es, wer es glauben mag.

Tabelle 4: Europa & Maastricht: Prognosen für 1997

	Inflation	(% BIP)				Mitglied EWS
		Defizit		Staatsschuld		
		EU	OECD	EU	OECD	
Deutschland	1.9	-3.0	-3.4	61.8	63.2	X
Luxemburg	1.7	1.1	N/A	6.5	N/A	X
Österreich	2.1	-3.0	-3.0	68.8	73.3	X
Ver. Königreich	2.3	-2.9	-3.7	54.7	56.5	
Belgien	1.9	-2.7	-2.9	126.7	127.2	X
Niederlande	2.4	-2.3	-2.3	76.2	76.0	X
Irland	2.0	-1.0	-1.1	68.3	76.0	X
Dänemark	2.3	3.0	-0.4	67.2	70.4	X
Finnland	0.9	-1.9	-1.7	59.2	60.2	X
Frankreich	1.6	-3.0	-3.2	57.9	56.6	X
Schweden	1.6	-2.6	-2.5	76.5	78.5	
Spanien	2.4	-3.0	-3.4	68.1	68.9	X
Italien	2.7	-3.2	-3.7	122.4	122.9	X
Portugal	2.5	-3.0	-2.9	64.1	67.6	X
Griechenland	6.0	-4.9	-5.7	108.3	104.5	

Quelle: OECD World Economic Outlook, Dezember 1996 & halbjährliche Prognosen der Europäischen Kommission, April 1997

Das deutsche Problem

Mit dem Fortschreiten des Jahres 1997 wird immer deutlicher, daß gegen die wirtschaftlichen Probleme in Europa kein Kraut gewachsen ist. Gleichzeitig wird auch der Beweis für die Unsinnigkeit der Maastricht-Normen geliefert. Wie können Befürworter der EWU weiterhin behaupten, daß Maastricht ein solider Vertrag sei, wenn es anscheinend weder Frankreich noch Deutschland gelingt, die im Vertrag genannten Bedingungen zu erfüllen? Nach

Meinung mancher Volkswirte, wie des belgischen Professors Paul De Grauwe, bedeutet der Ausrutscher von Maastricht, daß man den Vertrag am besten vergißt. »Die Unsicherheit darüber, wer sich wohl und wer sich nicht für die EWU qualifizieren wird, hat eine negative Auswirkung auf die europäischen Wirtschaftssysteme«, meint De Grauwe. Seiner Meinung nach wird ein Aufschub der Währungsunion diese Unsicherheit nur verstärken. Er glaubt, daß die Lösung darin liegt, ohne Verzögerung mit dem Euro weiterzumachen. »Wenn wir den Vertrag sorgfältig lesen, dann kommen wir zur Schlußfolgerung, daß alle Länder, außer Griechenland, die Defizit-Norm erfüllen«, sagt De Grauwe. Maastricht fordert, daß das Haushaltsdefizit nicht höher sein darf als 3 Prozent des BIP, außer wenn das Defizit in ausreichendem Maße und ständig in Richtung dieser 3-Prozent-Norm gesunken ist oder wenn diese Norm ausnahmsweise einmal überschritten wird. Auch die Inflationsnorm wird nach Meinung von De Grauwe von allen Ländern außer Griechenland erfüllt. Und über die Schuldnorm macht sich keiner so richtig Sorgen, glaubt er.

»Wenn es den politischen Willen gibt, dann gibt es keine wirtschaftlichen oder juristischen Bedenken dagegen, daß alle Länder, außer Griechenland, von Anfang an bei der EWU dabei sind«, schrieb De Grauwe in einem Editorial in der *Financial Times*. Viele Volkswirte sind der gleichen Meinung. Eine rigorose Erfüllung der Maastricht-Normen bedeutet, daß man das Gelingen eines historischen Projekts, wie der EWU, von rein konjunkturellen Faktoren abhängig macht. Die Tatsache, daß das deutsche Defizit sich im Jahre 1997 auf 2,9 oder 3,1 Prozent des BIP beläuft, sagt doch nichts über die Gültigkeit der EWU aus. Warum sollte man die Entscheidung über das Schicksal Europas von einem solchen Detail abhängig machen? Die Antwort auf diese Frage bestätigt die zentrale These dieses Buches: Die Maastricht-Normen stellen keinen sorgfältig ausgetüftelten Säuretest für die wirtschaftliche Konvergenz in Europa dar, sondern sie sind arbiträr gewählte Bedingungen, die Deutschland dahingehend beruhigen sollten, daß die Club-Med-Länder die EWU-Prüfung nie bestehen könnten. Das Kibbeln über die EWU-Normen beweist, daß Maastricht ein abgekartetes Spiel ist. Maastricht war kein wirtschaftliches, sondern ein rein politisches Dokument, das die deutschen Sparer beruhigen sollte, daß sie mit ihrer harten D-Mark nicht für das Gelage im restlichen Europa werden zahlen müssen. Die Normen in dem Vertrag wurden so festgelegt, daß Länder wie Italien, Spanien und Portugal sie nie erfüllen könnten. Was die Deutschen sich im Jahre 1991 jedoch nicht vorstellen konnten, war, daß die schlechte wirtschaftliche Lage in Europa dafür sorgen würde, daß sie selbst ihre EWU-Aufnahmeprüfung nicht bestehen würden. Auch hätte 1991 keiner die Vorhersage gewagt, daß es Ländern wie Italien und Spanien gelingen würde, so nah an die Ziellinie heranzukommen.

Deutschland sieht sich gefangen in der Falle, die es selbst aufgestellt hat, und die Folgen für Europa sind nicht zu übersehen. Dabei hatte die Deutsche Bundesbank doch alles so schön geplant: Die EWU würde im Jahre 1999 mit etwa sieben Ländern an den Start gehen – darunter Deutschland, Österreich, die Benelux-Länder, Frankreich und Irland. Die übrigen Länder sollten sich in einem EWS II wiederfinden, das den Franzosen ihre Sorge um kompetitive Abwertungen durch ihre Nachbarn nehmen sollte. Um diese bei Trost zu halten, sollten die Länder im EWS II die Garantie erhalten, daß sie der EWU später beitreten dürften, wenn sie in der Zwischenzeit den Beweis für ihre fiskalische Verantwortung erbrächten. Es war ein so schöner und so einfacher Plan, aber die Wirtschaftsgötter haben anders entschieden. Wenn Deutschland selbst die Maastricht-Normen nicht erfüllt, dann hat es keine Möglichkeit, dem Club Med den Zutritt zur EWU zu verwehren. Bundeskanzler Kohl oder die Buba hatten jedoch nie die Absicht, im Jahre 1999 mit den Italienern in See zu stechen. Um das deutlich zu machen, bedurfte es der aufeinanderfolgenden EWS-Krisen der Jahre 1992 und 1993.

Ulrich Cartellieri, Vorstandsmitglied der Deutschen Bank, sprach unlängst von einer »tickenden Zeitbombe«, wenn Italien von Anfang an beim Euro mitmacht. Kohl wird es nie und nimmer gelingen, seiner deutschen Wählerschaft eine Währungsunion mit den Italienern zu verkaufen. Die Chance, daß die Buba eine solche Währungsunion akzeptieren würde, ist im übrigen gleich Null. Um ihr Gesicht zu wahren, betont die Buba seit einiger Zeit immer stärker den Begriff »Haltbarkeit«. Die 3-Prozent-Norm zu schaffen, sei nicht länger das Wichtigste, heißt es jetzt. Wichtiger sei, diese Norm dauerhaft zu erfüllen. Anders gesagt, durch Strukturmaßnahmen und mit Hilfe von Haushaltstricks. Dies klingt in der Theorie vielleicht sehr schön, aber die Italiener und Spanier scheinen nicht die Absicht zu haben, sich von einem deutschen Partner, dem es selbst nicht gelingt, die Normen zu erfüllen, an denen er jahrelang rigoros festgehalten hat, etwas vorschreiben zu lassen.

Das deutsche Problem läßt den europäischen Politikern vier Alternativen übrig. Eine erste Lösung bestünde darin, die Maastricht-Normen so auszulegen, daß alle EU-Mitgliedstaaten, außer Griechenland, die Ziellinie überqueren (das Szenario von De Grauwe). Dieses Szenario ist ganz klar noch immer die bevorzugte Variante der Politiker in Südeuropa. In der Finanzwelt ist jedoch jeder davon überzeugt, daß die Chance auf eine so große Währungsunion

Null ist. Sie würde nicht nur zu einem freien Fall der D-Mark auf den Wechselmärkten und zu einer enormen Kapitalflucht aus Deutschland, sondern auch zu einer sehr starken politischen Unruhe führen. Wilhelm Noelling, ehemaliges Vorstandsmitglied der Bundesbank, hat bereits jetzt gedroht, daß er die Sache vor das Bundesverfassungsgericht bringt, wenn auch nur an den Maastricht-Normen gerührt werde. In Anbetracht seiner katastrophalen Folgen ist die Wahrscheinlichkeit dieses Szenarios gleich Null.

Obwohl bis vor kurzem in Deutschland eine Mini-Währungsunion noch das favorisierte Szenario war, scheint diese Lösung inzwischen die gleichen katastrophalen Folgen zu haben. Wenn Deutschland selbst die EWU-Normen nicht erfüllen kann, dann kann es unmöglich Italien oder Spanien außen vor lassen. Würde es dies doch tun, dann wird der daraus resultierende verbale Krieg den gesamten europäischen Einigungsprozeß zerreißen. Und sollten die Deutschen ihre EWU-Beitrittsprüfung bestehen, dann gibt es da außerdem noch das französische Problem. Warum sollten Italien oder Spanien eine lasche Interpretation des Vertrages für Frankreich hinnehmen, wenn sie selbst nicht in den Genuß einer solchen Vorzugsbehandlung kommen? Die Italiener und Spanier haben in den vergangenen Jahren solch gewaltige Opfer für die EWU gebracht, daß sie nicht beabsichtigen, sich kurz vor der Ziellinie zurückhalten zu lassen. Dies zeigen jedesmal die furiosen Reaktionen aus Rom, wenn ein französischer oder deutscher Politiker durchscheinen läßt, daß Italien nicht bei der ersten Runde dabeisein wird. Eine Mini-Union ist politisch ausgeschlossen.

Aufschub erscheint auf den ersten Blick die einzige Alternative. Das einzige Problem ist jedoch, daß ein Aufschub für die europäischen Regierungschefs ein gewaltiger politischer Gesichtsverlust bedeuten würde. Vor allem Bundeskanzler Kohl will ganz klar als der große Versöhner Europas in die Geschichte eingehen. Ein »Aufgeschoben« – mit dem Risiko eines »Aufgehoben« – könnte ihn seinen Platz in den Geschichtsbüchern kosten. Wir können denn auch erwarten, daß die europäischen Politiker alles tun werden, um ihre lahmende Währungsunion künstlich am Leben zu erhalten. Die Retter in Not für die politische Ehre von Kohl und Chirac könnten vielleicht erneut die vermaledeiten Währungsspekulanten sein. Jetzt, wo die Maastricht-Normen von der wirtschaftlichen Realität eingeholt zu sein scheinen, gibt es keinen einzigen objektiven Gradmesser mehr für die wirtschaftliche Konvergenz in Europa. Das heißt, daß die Finanzmärkte freies Spiel haben bei der Entscheidung, wer 1999 wohl und wer nicht zur EWU zugelassen werden wird. In den Räumen der großen Finanzhäuser geht schon länger das Gerücht um, daß die Währungsspekulanten ihre eigenen Pläne für eine EWU-Auswahl haben. Nicht die Erfüllung der Maastricht-Normen wird die Zusammensetzung der EWU zum 1. Januar 1999 bestimmen, sondern die Tatsache, wer den Angriff der Spekulanten auf seine Währung im Herbst 1997 überlebt. Die offizielle Auswahl der EWU-Mitgliedstaaten soll in der ersten Maiwoche des Jahres 1998 erfolgen, wurde in Noordwijk entschieden. Das gibt den Währungsspekulanten noch viel Zeit, die Währungsunion ihren eigenen Tests zu unterziehen.

Ein spekulativer Angriff auf die südeuropäischen Währungen würde Deutschland und Frankreich sehr gut passen. Es würde die italienischen und spanischen Chancen auf eine Teilnahme an der EWU im Jahre 1999 für immer verpfuschen. Wenn die Währungsspekulanten den französischen Franc in Ruhe lassen – so wie sie es auch 1993 getan haben –, dann wäre ein spekulativer Angriff jedoch überhaupt kein Hindernis für eine Mini-Union. Im Gegenteil. Die Unsicherheit auf den Wechselmärkten würde ein Dringlichkeitsgefühl hervorrufen, was es Deutschland und Frankreich erlauben würde, sich sofort in eine Mini-Union mit den Benelux-Ländern und Österreich zu stürzen. Wenn die Spekulanten einmal mit der Bedrohung durch den Club Med abgerechnet hätten, dann wären die Maastricht-Normen ja bei weitem nicht mehr so wichtig.

Bei diesem Szenario ist es so beunruhigend, daß die Währungsspekulanten und die Buba zum zweiten Mal in der Geschichte ein gemeinsames Interesse haben: Die Spekulanten wollen schnell eine Menge Geld verdienen, und die Buba will mit Italien und Spanien abrechnen, damit die Deutschen ihren alten Plan für eine Mini-Union wieder aufgreifen können. Die Lektionen aus der Vergangenheit sagen für diejenigen, die an eine große Union glauben, nur wenig Gutes voraus.

Europa nach Maastricht

Ein spekulativer Angriff auf die südeuropäischen Währungen, gekoppelt mit einer Mini-Union, ist die einzige Lösung, die es den deutschen und französischen Politikern ermöglichen würde, ihr Gesicht nicht zu verlieren. Bedauerlicherweise ist dies jedoch auch eine Lösung, die die Zweiteilung Europas mit sich bringt. Es wird keinem EWS II jemals gelingen, die Spannungen zwischen den »Ins« und »Outs« in einer Mini-Union zu lösen. Die Folge wird sein: eine wachsende Kluft zwischen einem europäischen Kern, der unter dem deflatorischen Druck einer Mini-Union gebückt geht, und einer Peripherie, die mit der Zeit zum Sündenbock für die wirtschaftlichen Probleme im Zentrum wird.

Es gibt jedoch eine Alternative. Wie immer glänzt die beste Lösung durch ihre Einfachheit: Aufschub. Nicht für einen oder zwei Monate, sondern bis die europäischen Wirtschaftssysteme in ausreichendem Maße gesund und konvergiert sind, um eine echte Union einzugehen. Und zwar eine große Union, aber ohne Maastricht-Normen oder andere Auflagen, die nur dazu dienen, die stärkeren Teilnehmer zu beruhigen, daß sie nicht für die schwächeren bezahlen müssen. Bei vielen Politikern lebt die Angst, daß ein Aufschub der EWU die übrigen Errungenschaften der europäischen Zusammenarbeit zunichte machen könnte – dies wollen sie der Öffentlichkeit zumindest glaubhaft machen. Vor allem der freie Verkehr von Waren, Diensten, Kapital und Personen käme ihrer Meinung nach ins Gedränge. Andere gehen noch weiter und malen das Bild des wirtschaftlichen Untergangs an die Wand, wobei sogar die Angst vor einem neuen europäischen Krieg geschürt wird. All diese Argumente müssen die Idee stützen, daß Europa ab dem 1. Januar 1999 besser mit einer mangelhaften als mit gar keiner Währungsunion weitermachen soll.

Nichts ist weniger wahr. Das meist auf der Hand liegende Szenario für Aufschub – oder Absage – der EWU ist das des Nichtstattfindens. Nach einem offiziellen Aufschub der EWU wäre die Europäische Union nichts mehr als eine Bestätigung des Systems des EWS mit den breiten Schwankungsmargen, so wie dies seit August 1993 besteht. Der einzige Unterschied wäre der stille Tod der EWU-Fiktion. Nach der formellen Entscheidung, den Start der EWU aufzuschieben, würden die europäischen Politiker zweifellos weiterhin stur behaupten, daß die EWU noch immer kommen wird. Die Maastricht-Normen dürften dann wahrscheinlich auch nicht mehr geändert werden. In der Praxis würde eine Reihe von Ländern dem Druck, abwerten zu müssen, nicht standhalten können.

Sobald die Spekulanten erfahren würden, daß die EWU auf der Kippe steht, würde ohne Zweifel eine neue Krise auf den Währungsmärkten ausbrechen. Die Krise wäre jedoch nicht die gefürchtete Apokalypse, sondern eine gesunde Erfrischung. Für die Niederlande und Österreich würde der Aufschub keine oder kaum Folgen haben. De facto würden sie in einer virtuellen Währungsunion mit Deutschland eingebunden bleiben. Länder wie Frankreich, Italien und Belgien würden nicht länger auf der Grundlage ihrer Versuche, eine Reihe verrückter Normen zu erfüllen, beurteilt werden, sondern auf der Basis ihrer Wirtschaftspolitik.

Der europäische post-Maastrichter Wechselkursmechanismus wäre ein Mechanismus nach dem Herzen vieler Kritiker, die in diesem Buch erwähnt worden sind. Die europäischen Zentralbanken würden versuchen, die Volatilität zu beschränken, ohne jedoch nutzlose Schwankungsmargen einzuführen, die nicht mehr sind als eine Zielscheibe für Spekulanten. Erlöst von den Maastricht-Normen, würde jedes Land von den Finanzmärkten verpflichtet werden, im eigenen Haus für Ordnung zu sorgen. Das Durchbrechen der deflationären Spirale würde den europäischen Wirtschaftssystemen die Luft zum Atmen geben, die sie so dringend brauchen, um die notwendigen Strukturmaßnahmen durchzuführen. Wer diese Luft zum Atmen mißbraucht, würde jedoch gnadenlos von den Finanzmärkten bestraft.

Schließlich würde in Europa wieder Ruhe einkehren, und jeder würde den Vertrag von Maastricht am liebsten so schnell wie möglich vergessen. Anschließend könnten die europäischen Politiker allen Ernstes die zwei immensen Probleme in Angriff nehmen, denen Europa im nächsten Jahrhundert gegenübersteht: die weitere wirtschaftliche, haushälterische und steuerliche Konvergenz einerseits und die Erweiterung der Europäischen Union zu einer größeren europäischen Freihandelszone andererseits.

Ist das oben beschriebene Szenario mehr als nur Wunschdenken? Zweifellos. Es ist das Szenario, wofür viele Spekulanten ihr ganzes Hab und Gut verwetten wollen. Daß die Spekulanten noch einen letzten Versuch unternehmen werden, die EWU zu kippen, ist mehr als wahrscheinlich. Die Frage ist nur, ob dieser letzte Spekulationsangriff den deutschen Interessen dienen wird, indem er die EWU-Ambitionen Italiens und Spaniens zunichte macht, oder ob er ein und für allemal das gesamte Bauwerk von Maastricht sprengen wird. Um das anfällige politische Adagio »Lieber eine gebrechliche Union als gar keine« zu Fall zu bringen, bedarf es mehr als etwas Unruhe auf den Wechselmärkten Ende 1997. Der wahre Schlüssel zum Gelingen der EWU liegt beim Mann auf der Straße. Die europäischen Politiker können die Konfrontation mit den Finanzmärkten nur überleben, wenn der Mann auf der Straße dies zuläßt. Es sind die Arbeiter und Unternehmer, die die Steuerrechnung für Europas Währungsalptraum zahlen müssen. Sogar eine relativ lockere Interpretation des Vertrages von Maastricht wird im Laufe des Jahres 1997 einschneidende Ausgabenkürzungen beim französischen, deutschen und belgischen Haushalt fordern. Wenn der Europäer auf der Straße nicht zuläßt, daß seine Steuergroschen zur Rettung des europäischen Traumes verwendet werden, dann haben die Politiker keine Chance.

Wenn Europa sich vom Korsett von Maastricht befreien will, dann muß es jetzt handeln. Was immer die Politiker auch behaupten mögen, das oben beschriebene Szenario ist möglich. Über das Schicksal Europas wird nicht auf Gipfelkonferenzen oder bei geheimnisvollen Zusammenkünften entschieden. Über das Schicksal Europas wird in den Straßen von Paris, Bonn und Brüssel und in den *trading rooms* der Währungsspekulanten entschieden. Diese bizarre Koalition kann dem EWS in Null Komma nichts den Garaus machen. Wenn der Europäer auf der Straße den Alptraum beenden will, dann braucht er nur zu schreien.

Epilog: Jeder Kontinent hat die wirtschaftliche Misere, die er verdient

Die Geschichte begann in Bermuda und endete in Bretton Woods. Dort, in den White Mountains von New Hampshire, treffen wir Mitte Juni 1996 wieder auf Warren Mosler, den Verwalter des III Finance Fonds. Unser Lotse durch die arglistigen Gewässer der Offshore-Zentren und Hedge Fonds organisiert dort, im berühmten Mount Washington Hotel, eine Wirtschaftskonferenz zum Thema Währungspolitik. Auf der Tagesordnung stehen folgende Themen: die Währungspolitik der amerikanischen Federal Reserve Bank, das Problem der amerikanischen Staatsschulden und die (verhängnisvollen) Folgen der Europäischen Währungsunion. Die Wahl des abgelegenen Bretton Woods als Ort für die Konferenz ist kein Zufall. Eine bronzene Gedenktafel im Golden Room des Mount Washington Hotels erinnert daran, daß hier am 22. Juli 1944 die Gründungsakte des IWF und der Weltbank unterzeichnet wurde.

Der Name Bretton Woods ist untrennbar mit dem System von Bretton Woods verbunden, dem Zeitalter der festen Wechselkurse zwischen 1944 und 1973. Eine längst vergangene Zeit finanzieller Stabilität unter der Alleinherrschaft des Dollars. Der Besucher, der sich in den White Mountains von New Hampshire auf die Suche macht nach diesem Dorf, das eine unglaubliche historische Bedeutung hat, wird bitter enttäuscht. Bretton Woods gibt es nicht. Es gibt keine Straßen, keine Häuser und kein Rathaus in Bretton Woods. Es gibt nur dieses eine Mount Washington Hotel. Touristen, die, aus New York oder Boston kommend, auf der Route 302 in östliche Richtung fahren, sehen das Hotel plötzlich in der Ferne auftauchen, wie ein riesiges, weißes Passagierschiff, das auf unerklärliche Weise zwischen die mit Schnee bedeckten Bergspitzen von New Hampshire geraten ist.

Das Mount Washington Hotel ist genauso wie Bretton Woods die Erfindung eines einzelnen Mannes: Hotelpromoter und Millionär Joseph Stickney, der es Ende des vorigen Jahrhunderts aus dem Boden stampfte. Stickney wollte, daß das Hotel sich völlig selbst tragen würde. Er überzeugte die amerikanische Bundespost *US Mail,* eine eigene Poststelle zu eröffnen, und so bekam das Mount Washington Hotel seine eigene Postleitzahl 03575. Das Hotel verfügte auch über eine eigene Telefonzentrale, eine Elektrizitätszentrale und eine Druckerei, in der täglich eine eigene Zeitung und die Menükarten für das Abendessen gedruckt wurden. Stickneys Hotel war ein irdisches Paradies, das durch die White Mountains von der restlichen Welt abgeschirmt wurde. Wie wenn er dies betonen wollte, nannte er das ausgedehnte Areal rund um das Hotel Bretton Woods. Ein Name, den britische Pioniere dem Gebiet Jahrhunderte zuvor bereits gegeben hatten. Stickney schrieb 03575 Bretton Woods auf das Briefpapier des Hotels, und schon schnell erschien der Name auch auf Landkarten. Der Mythos war geboren.

Die Geschichte des Mount Washington Hotels läuft parallel mit den Gezeiten Ebbe und Flut in der internationalen Finanzwelt. Ein erstes Mal zeigte sich diese Beziehung im Jahre 1930. In diesem Sommer blieb das Hotel zum ersten Mal geschlossen, weil zu viele Gäste beim Börsencrash am »Schwarzen Montag« im Jahre 1929 ihr Vermögen verloren hatten. Das Hotel schloß ein zweites Mal im Sommer 1944. Die amerikanische Regierung hatte es 1944 als Austragungsort für die United Nations Monetary and Financial Conference ausgewählt. Über 700 Vertreter aus 44 Ländern berieten dort vom 1. bis 22. Juli über die Zukunft der Weltwirtschaft nach dem Zweiten Weltkrieg. Bretton Woods – ein Hirngespinst des megalomanen Joseph Stickney – wurde mit einem Schlag vom nichtexistenten Dorf mit einer unverdienten Erwähnung auf vielen Landkarten zu einem internationalen Begriff.

Das sogenannte System von Bretton Woods dominierte die wirtschaftliche Weltgeschichte zwischen 1945 und 1973. Bretton Woods setzte dem Goldstandard ein Ende, ebenso wie dem Währungschaos, das während der Depression der zwanziger und dreißiger Jahre folgte. Das neue System beruhte auf dem Dollar. Alle anderen Währungen erhielten einen festen Kurs zur amerikanischen Währung, der nur mit Billigung des IWF geändert werden konnte. Länder, die in Probleme gerieten, konnten außerdem mit dem IWF rechnen, um ihre finanzielle Angelegenheiten zu regeln. Das System von Bretton Woods war ein Schulbeispiel für Stabilität und Redlichkeit. Es war ein perfektes System, würden Volkswirte später behaupten. So perfekt, daß es unmöglich weiterbestehen konnte.

Die Volkswirte und Politiker, die in Bretton Woods die wirtschaftliche und monetäre Karte der westlichen Welt neu zeichneten, hatten nur eins übersehen: die Menschen. Es heißt, daß die amerikanische Regierung die desolaten White Mountains als Konferenzort wählte, weil die Volkswirte dort in aller Ruhe würden arbeiten können, weit weg von der wirklichen Welt, wo der Zweite Weltkrieg in dem Moment in die entscheidende Phase trat. Die Volkswirte schienen so weit von der täglichen Wirklichkeit entfernt zu sein, daß sie ein völlig weltfremdes System erdachten. Bretton Woods und das System der festen Wechselkurse berücksichtigten nicht den menschlichen Erfindergeist. Dieser Erfindergeist änderte die Wirtschaftslandschaft in den darauffolgenden dreißig Jahren so, daß Bretton Woods im Jahre 1973 aus seinen Fugen geriet.

Währungsspekulanten, multinationale Konzerne und internationale Fondsverwalter haben die internationalen Finanzmärkte seit 1944 vom streng reglementierten System, das im Mount Washington Hotel ausgedacht wurde, zur größten Spielbank der Welt umgeformt. Die internationalen Finanzmärkte sind ein perfekter Markt, in dem nur die absoluten Prinzipien des freien Wettbewerbs gelten. Der Fall von Bretton Woods war der Durchbruch. Seitdem haben die deregulierten Finanzmärkte in einem beschleunigten Tempo die Welt erobert. Über den Wert des Geldes wird nicht länger in den dunklen Zimmern der Zentralbanker oder auf Regierungskonferenzen an abgelegenen Orten entschieden. Der Wert des Geldes wird durch den enormen Strom finanzieller Mittel entschieden, der ständig um die Welt reist, auf der Suche nach dem höchsten Gewinn. Die Entscheidungen fallen in den *trading rooms* in Tokio, London und New York, in den Vorstandszimmern der großen internationalen Konzerne und auf der Yacht des einen oder anderen professionellen Währungsspekulanten in Bermuda oder auf den Antillen.

Manchmal sieht es so aus, als ob die europäischen Politiker von der Wandlung der Finanzmärkte in der Nachkriegszeit nichts begriffen haben. Die wirtschaftliche Geschichte des 20. Jahrhunderts verläuft nicht – wie man in Europa manchmal zu denken scheint – über die Evolution von wild schwankenden Wechselkursen zu Wechselkursstabilität, sondern genau umgekehrt. Ende des letzten Jahrhunderts war der wirtschaftliche Wohlstand in großen

Teilen der Welt abhängig von der Frage, ob irgendwo in Kalifornien eine neue Goldader gefunden wurde. Der Goldstandard war ein straffes System, das kaum Flexibilität zuließ. Heute machen sich die Zentralbanker Sorgen über die Tatsache, daß sie überhaupt keinen Einfluß mehr auf die Evolution der flexiblen Wechselkurse haben.

Die Welt hat sich seit der Konferenz von Bretton Woods ununterbrochen in Richtung einer Liberalisierung der Kapital- und Gütermärkte entwickelt. Europa hatte dies gut kapiert, wie es die Gründung der EGKS und später der EG und des gemeinsamen Binnenmarktes gezeigt hat. Die lange Geschichte der monetären Einigung in Europa geht jedoch in die völlig entgegengesetzte Richtung. Die Versuche, den freien Verkehr von Waren, Personen und Kapital in Europa mit Wechselkursstabilität zu kombinieren, stehen den wirtschaftlichen und monetären Entwicklungen in der restlichen Welt diametral gegenüber. Jahrhundertelang war der Wert des Geldes in Gold festgelegt und war internationaler Handel eine Ausnahme. Heute ist die Welt ein großer Markt geworden, auch dank der gleichgewichtswiederherstellenden Wirkung der freien Wechselmärkte. Schwebende Wechselkurse und Freihandel sind wie Pech und Schwefel. Feste Wechselkurse und Freihandel dagegen sind wie Wasser und Feuer. Das ist in der Geschichte immer so gewesen, und das wird immer so sein. Wenn man die Vorteile des Freihandels und der offenen Grenzen optimal nutzen will, dann braucht man den gleichgewichtswiederherstellenden Mechanismus der schwebenden Wechselkurse. Denn sonst verursachen die Kräfte des freien Marktes enorme wirtschaftliche Spannungen. Um diese Spannungen unter Kontrolle zu halten, bedarf es einer enormen Bürokratie. Eine Bürokratie wie die Europäische Kommission in Brüssel, die nicht davor zurückschreckt, Lärmgrenzwerte für Rasenmäher festzulegen.

Wer den Zusammenhang zwischen freiem Welthandel und schwebenden Wechselkursen dementieren will, der muß die Geschichte verfälschen. Alain Minc produzierte im September 1995 eines der tollsten Beispiele für Geschichtsfälschung, als er in *The European* einen Propagandaartikel schrieb, mit dem Titel »History could teach the sceptics a lesson in unity«. Nach Meinung von Minc vergessen die Befürworter des Freihandels, daß es sehr wohl einen Präzedenzfall gibt für die Kombination von Freihandel und Währungsunion. »Die Gegner der Währungsunion sollten ihre Klassiker besser lesen«, sagt Minc. »Was sie vergessen, ist, daß eine Welt, die bei weitem nicht so politisch war wie die unsere, mehr als ein Jahrhundert lang eine einzige Währung benutzte. Das System nannte sich Goldstandard und behauptete sich bis zum Jahre 1914. Die Grundsätze des Freihandels wurden im Zeitalter einer Einheitswährung formuliert«, behauptete Minc weiter. »Die Parität mit dem Gold wurde rigoros von allen Währungen befolgt. 113 Jahre lang blieb der französische Franc an etwas gekoppelt, was im Grunde genommen eine einzige Währung war. Ebenso das Pfund und alle anderen. Kein einziger Volkswirt aus dieser Zeit konnte sich vorstellen, daß Freihandel auch ohne Währungsstabilität möglich wäre.«

Über die gleichen »Volkswirte jener Zeit«, von denen Minc in lobenden Worten spricht, schrieb Charles Dikkens: »I wish some well-fed philosopher, whose meat and drink turn to gall within him, whose blood is ice, whose heart is iron, could have seen Oliver Twist clutching at the dainty viands that the dog had neglected.« Was Minc zu vergessen scheint, ist, daß der Goldstandard (1880–1914) in allen Wirtschaftsgeschichtsbüchern mit einer der schwärzesten sozialen Perioden der modernen europäischen Geschichte gleichgesetzt wird. »Europäer befürchten Rückfall ins 19. Jahrhundert«, so lautete eine Überschrift der Zeitung *Financieel Economische Tijd* im Dezember 1995. Man könnte fast verzweifeln, wenn französische Bürokraten anfangen, das wirtschaftliche System aus Charles Dickens' *Oliver Twist* zu verherrlichen. Der Goldstandard konnte nur bestehen bleiben, weil diejenigen, die für die monetäre Stabilität mit Hunger bezahlten, keine politischen Rechte hatten.

Minc hat dennoch recht, wenn er behauptet, daß zwischen dem Goldstandard und dem monetär vereinigten Europa des Jahres 1995 eine Ähnlichkeit besteht. Sowohl der Goldstandard als auch die EWU sind deflationäre Mechanismen und in diesem Sinne grundlegend ungerecht. So wie Keynes in *A Tract on Monetary Reform* bemerkte, ist eine Deflationspolitik, die auf eine Steigerung des Wertes einer Währung ausgerichtet ist, grundsätzlich ungerecht, weil sie eine ungerechte Bereicherung der Rentnerklasse zum Nachteil der Steuerzahler beinhaltet (die Arbeiter und Unternehmer). Wahrscheinlich tritt dieser Mechanismus nirgendwo deutlicher zutage als in Belgien, dem Paradies für Rentner und der Hölle für den Unternehmer – und bald auch für die Arbeiter.

Bei näherer Betrachtung hätte dieses Buch vielleicht besser den Titel »Die Euro-Lügen« bekommen sollen. Die Einzahl unterschätzt die Sintflut falscher Argumente, mit denen die Politiker versuchen, ein wirtschaftlich sinnloses Projekt wie die europäische Einheitswährung an den Mann zu bringen. Es gibt den Mythos des Tandems, der besagt, daß der Binnenmarkt ohne Währungsunion verschwinden wird. Es gibt die Lüge der wirtschaftlichen Hoffnung, die uns anspornt, jetzt die bittere Pille zu schlucken, da wir nach der EWU in das Land kommen werden, wo Milch und Honig fließen. Und seit kurzem gibt es auch die Lüge der wirtschaftlichen Konvergenz. Es ist eine lächerliche Behauptung, daß wirtschaftliche Konvergenz in Europa bereits Tatsache sei, wo doch die Statistiken Tag für Tag das Gegenteil beweisen.

Alle politischen Lügen, mit denen die Tageszeitungen, Zeitschriften und Fernsehbildschirme uns in den vergangenen Jahren überhäuft haben, stehen dennoch im Zeichen dieser einen Euro-Lüge: des Mythos, daß die Europäische Währungsunion ein wirtschaftliches Projekt ist und keine rein politische Ambition einer Reihe europäischer Politiker. Das europäische Bauwerk ist gebaut auf dem Dogma, daß die europäische Einigung ein wirtschaftlich gültiges Projekt ist. Ein Projekt, das Europa als eine wirtschaftlich stärkere Nation in das 21. Jahrhundert führen soll. In dem Maße, wie die wirtschaftliche Realität diesen Mythos entlarvt, wird das wahre politische Gesicht der europäischen Einigung immer deutlicher.

Wirtschaft und Politik gehen immer Hand in Hand. Wirtschaftliche Freiheit ist eine Bedingung für eine echte politische Freiheit, und politische Freiheit ist ein Schutz vor den Auswüchsen wirtschaftlicher Freiheit. In einem demokratischen System ist es jedoch die Aufgabe der Politik, die wirtschaftliche Freiheit des Individuums zu verteidigen. Darum gibt es so etwas wie Eigentumsrecht. Wenn das Umgekehrte passiert, wenn die Wirtschaft zum Mittel zur Verwirklichung eines politischen Zieles wird, dann droht nach Meinung des österreichischen Philosophen Friedrich Hayek der totalitäre Staat.

Durch die Geschichte hindurch haben politische Falschspieler immer wieder versucht, mit dem Wert des Geldes zu mogeln. Es ist ihnen nie gelungen. Das Ergebnis war immer – je nach wirtschaftlicher Sünde, die sie begangen hatten – Inflation oder Deflation. Mittelalterliche Fürsten dachten, daß sie die Wirtschaft als politische Waffe einsetzen könnten, indem sie den Goldwert ihrer Münzen senken und so ihre Feldzüge finanzieren. Das Ergebnis war eine jahrelang galoppierende Geldentwertung. Europäische Politiker, die jahrelang das Geld verschwendet haben, versuchen Anno 1997, den Wert ihrer Währung künstlich hochzuschrauben, um so die Kaufkraft einer kleinen Gruppe Glücklicher zu schützen, zu Lasten eines wachsenden Heeres von Arbeitslosen. Die Folge ist eine immer größer werdende Deflation.

Wir leben derzeit in einer Welt, in der die gleichgewichtswiederherstellenden Kräfte des freien Marktes nicht mehr zu zähmen sind. Vor allem nicht, wenn es um den Währungsmarkt geht, zweifellos das deutlichste Beispiel für das, was die Volkswirte meinen, wenn sie von einem effizienten Markt mit perfektem Wettbewerb reden. Als die europäischen Politiker beschlossen, Europa mittels der übereilten Einführung einer einzigen Währung politisch zu vereinigen, haben sie sich den stärksten aller Märkte als Gegner ausgesucht. Ihre Aussagen, daß die EWU kommen wird, »wenn nur der politische Wille vorhanden ist«, sind das schönste Beispiel für den unglaublichen Übermut, der mit dieser Entscheidung einherging. Der Währungsmarkt – dieses Ungeheuer, das täglich neunhundert Milliarden Dollar verschlingt – hat sich noch nie zähmen lassen. Das haben die unzähligen aufeinanderfolgenden Währungskrisen bewiesen, die die Wirtschaftsgeschichte seit Anfang aller Zeiten gekannt hat.

Früher oder später stellt sich das durch die Politik verstörte wirtschaftliche Gleichgewicht immer wieder her. Nicht ohne daß der Mann auf der Straße – das wirtschaftliche Subjekt – dafür einen hohen Preis zahlen muß. Superinflation, Deflation, Depression und Krieg, dies alles waren in der Vergangenheit Folgen des Übermuts von Politikern, die dachten, daß sie den wirtschaftlichen Karren vor das Pferd spannen konnten. Vielleicht sollte man den Spruch »jedes Land hat die Politiker, die es verdient« ändern in »jeder Kontinent hat die wirtschaftliche Malaise, die er verdient«.